Márcia Ambrósio
Eduardo Mognon Ferreira

CADERNOS DIDÁTICOS

*O USO
DOS JOGOS
NO PROCESSO
EDUCATIVO*

Márcia Ambrósio
Eduardo Mognon Ferreira

CADERNOS DIDÁTICOS:
o uso dos jogos no processo educativo

Editora CRV
Curitiba – Brasil
2020

Copyright © da Editora CRV Ltda.
Editor-chefe: Railson Moura
Diagramação e Capa: Designers da Editora CRV
Arte de Capa: elenabsl/Shutterstock.com | Freepik | Pixabay
Revisão: Analista de Escrita e Artes

DADOS INTERNACIONAIS DE CATALOGAÇÃO NA PUBLICAÇÃO (CIP)
CATALOGAÇÃO NA FONTE
Bibliotecária responsável: Luzenira Alves dos Santos CRB9/1506

AM491

Ambrósio, Márcia.
    Cadernos didáticos: o uso dos jogos no processo educativo / Márcia Ambrósio, Eduardo Mognon Ferreira – Curitiba : CRV, 2020.
120 p.

   Bibliografia
   ISBN Digital 978-65-5578-914-0
   ISBN Físico 978-65-5578-915-7
   DOI 10.24824/978655578915.7

   1. Educação 2. Jogos de tabuleiro 3. Feudalismo 4. Primeira Guerra Mundial 5. Sustentabilidade 6. Gênero I. Ferreira, Eduardo Mognon II. Título III. Série.

CDU 37   CDD 371.337

Índice para catálogo sistemático
1. Educação – jogos 371.337

ESTA OBRA TAMBÉM ENCONTRA-SE DISPONÍVEL
EM FORMATO DIGITAL.
CONHEÇA E BAIXE NOSSO APLICATIVO!

2020
Foi feito o depósito legal conf. Lei 10.994 de 14/12/2004
Proibida a reprodução parcial ou total desta obra sem autorização da Editora CRV
Todos os direitos desta edição reservados pela: Editora CRV
Tel.: (41) 3039-6418 – E-mail: sac@editoracrv.com.br
Conheça os nossos lançamentos: www.editoracrv.com.br

Conselho Editorial:

Aldira Guimarães Duarte Domínguez (UNB)
Andréia da Silva Quintanilha Sousa (UNIR/UFRN)
Anselmo Alencar Colares (UFOPA)
Antônio Pereira Gaio Júnior (UFRRJ)
Carlos Alberto Vilar Estêvão (UMINHO – PT)
Carlos Federico Dominguez Avila (Unieuro)
Carmen Tereza Velanga (UNIR)
Celso Conti (UFSCar)
Cesar Gerónimo Tello (Univer .Nacional Três de Febrero – Argentina)
Eduardo Fernandes Barbosa (UFMG)
Elione Maria Nogueira Diogenes (UFAL)
Elizeu Clementino de Souza (UNEB)
Élsio José Corá (UFFS)
Fernando Antônio Gonçalves Alcoforado (IPB)
Francisco Carlos Duarte (PUC-PR)
Gloria Fariñas León (Universidade de La Havana – Cuba)
Guillermo Arias Beatón (Universidade de La Havana – Cuba)
Helmuth Krüger (UCP)
Jailson Alves dos Santos (UFRJ)
João Adalberto Campato Junior (UNESP)
Josania Portela (UFPI)
Leonel Severo Rocha (UNISINOS)
Lídia de Oliveira Xavier (UNIEURO)
Lourdes Helena da Silva (UFV)
Marcelo Paixão (UFRJ e UTexas – US)
Maria Cristina dos Santos Bezerra (UFSCar)
Maria de Lourdes Pinto de Almeida (UNOESC)
Maria Lília Imbiriba Sousa Colares (UFOPA)
Paulo Romualdo Hernandes (UNIFAL-MG)
Renato Francisco dos Santos Paula (UFG)
Rodrigo Pratte-Santos (UFES)
Sérgio Nunes de Jesus (IFRO)
Simone Rodrigues Pinto (UNB)
Solange Helena Ximenes-Rocha (UFOPA)
Sydione Santos (UEPG)
Tadeu Oliver Gonçalves (UFPA)
Tania Suely Azevedo Brasileiro (UFOPA)

Comitê Científico:

Altair Alberto Fávero (UPF)
Ana Chrystina Venancio Mignot (UERJ)
Andréia N. Militão (UEMS)
Anna Augusta Sampaio de Oliveira (UNESP)
Barbara Coelho Neves (UFBA)
Cesar Gerónimo Tello (Universidad Nacional de Três de Febrero – Argentina)
Diosnel Centurion (Univ Americ. de Asunción – Py)
Eliane Rose Maio (UEM)
Elizeu Clementino de Souza (UNEB)
Fauston Negreiros (UFPI)
Francisco Ari de Andrade (UFC)
Gláucia Maria dos Santos Jorge (UFOP)
Helder Buenos Aires de Carvalho (UFPI)
Ilma Passos A. Veiga (UNICEUB)
Inês Bragança (UERJ)
José de Ribamar Sousa Pereira (UCB)
Jussara Fraga Portugal (UNEB)
Kilwangy Kya Kapitango-a-Samba (Unemat)
Lourdes Helena da Silva (UFV)
Lucia Marisy Souza Ribeiro de Oliveira (UNIVASF)
Marcos Vinicius Francisco (UNOESTE)
Maria de Lourdes Pinto de Almeida (UNOESC)
Maria Eurácia Barreto de Andrade (UFRB)
Maria Lília Imbiriba Sousa Colares (UFOPA)
Mohammed Elhajji (UFRJ)
Mônica Pereira dos Santos (UFRJ)
Najela Tavares Ujiie (UTFPR)
Nilson José Machado (USP)
Sérgio Nunes de Jesus (IFRO)
Silvia Regina Canan (URI)
Sonia Maria Ferreira Koehler (UNISAL)
Suzana dos Santos Gomes (UFMG)
Vânia Alves Martins Chaigar (FURG)
Vera Lucia Gaspar (UDESC)

Este livro passou por avaliação e aprovação às cegas de dois ou mais pareceristas *ad hoc*.

FINANCIAMENTO

Fundação de Amparo à Pesquisa do Estado de Minas Gerais (FAPEMIG)
Universidade Federal de Ouro Preto (UFOP)

SUMÁRIO

APRESENTAÇÃO DO VOLUME II 11

PREFÁCIO 15
Sandra Beline

CADERNO DIDÁTICO 1
JOGO *FEUDO WAR* 19

CADERNO DIDÁTICO 2
JOGO *ENTRE TRINCHEIRAS* 43

CADERNO DIDÁTICO 3
JOGO *TRILHA DA SUSTENTABILIDADE* 71

CADERNO DIDÁTICO 4
JOGO *ENTRE GÊNERO* 87
    Prefácio do Caderno Didático *Entre Gênero* 87
    Lidia Mara Vianna Possas

CADERNO DIDÁTICO 5
JOGO *REVISIONANDO* 107

APÊNDICE 113

ÍNDICE REMISSIVO 115

APRESENTAÇÃO DO VOLUME II

Caro(a) leitor(a),

Esta coletânea de Cadernos Didáticos compõe o 2º volume da obra denominada *O corpo brincante, o uso dos jogos e do portfólio de aprendizagem no processo educativo*, que é fruto dos resultados de uma pesquisa financiada pela Fundação de Amparo à Pesquisa do Estado de Minas Gerais (FAPEMIG), em parceria com a Universidade Federal de Ouro Preto (UFOP).

A obra foi dividida em duas partes – Volumes I e II.

O Volume I está dividido em 7 partes (capítulos):

1. Introdução
2. A dimensão política da ação docente brincante
3. Conceituando jogos
4. O uso dos jogos como recursos didáticos e expressão do saber
5. Cartografias Pedagógicas e uma nova relação com o conhecimento
6. A coreografia das cartas: revelando as dimensões pedagógicas do jogo no processo educativo
7. A grande jogada de saberes

O Volume II compõe-se de cinco Cadernos Didáticos temáticos de diferentes jogos. Em cada caderno, que pode ser lido diferente da sequência ordenada por nós, o(a) leitor(a) conhecerá os detalhes sobre a jogabilidade dos tabuleiros de cada um dos jogos – *Feudo War*, *Entre Trincheiras*, *Trilhas da Sustentabilidade*, *Entre Gênero e Revisionando* – a descrição Física, os públicos alvo, o detalhamento das cartas, as descrições processuais do jogo em ação etc.

O principal objetvio do Volume II é fornecer subsídios para que os(as) professores(as) do Ensino Fundamental II e do Ensino Médio e licenciandos das áreas de história, Geografia, Pedagogia, Ciências e outras áreas possam refletir, aprender e ensinar brincando sobre as temáticas propostas em cada caderno/jogo, sintetizados na introdução do Volume I, desta Obra, e reproduzidos a seguir, novamente:

1º caderno didático – Jogo Feudo War

O Jogo *Feudo War* foi elaborado para trabalhar os conceitos do feudalismo. As estratégias do jogo colocam, em cena, o raciocínio histórico para as respostas propostas, por meio de questões que vão sendo sorteadas, aleatoriamente, no deck de cartas. Sendo assim, o jogo transforma a aula de História em um mundo paralelo dos Feudos com seus Vassalos, Servos e Clero, revelando a luta de classes, a disputa por terras e poder.

2º caderno didático – Jogo Entre Trincheiras
O jogo *Entre Trincheiras* é um convite para vivenciar ideias, concepções e fatos históricos muito dolorosos, relativos aos conflitos que ocasionaram a Primeira Guerra Mundial. O jogo se desenvolve por meio da organização das tropas da *Tríplice Entente e Aliança* – desencadeando diversos conflitos expressos, representativamente, por meio das *cartas-Bombas*.

3º caderno didático – Jogo Trilha da Sustentabilidade
O jogo *Trilha da sustentabilidade* tem como objetivo intensificar os saberes ambientais ligados ao nosso cotidiano – local e global, dando relevância aos bons e maus hábitos humanos relativos ao meio ambiente e às ações de sustentabilidade. Desta forma, são trabalhados alguns conceitos relevantes, tais como: sustentabilidade, ação social, criatividade e ações coletivas.

4º caderno didático – Jogo Entre Gênero
O jogo Entre Gênero visa intensificar os saberes sobre a luta entre os gêneros no país, refletindo sobre identidade de gênero, sexualidade, orientação sexual e expressão de gênero. Também traz para o debate alguns conceitos importantes – relação de poder, hierarquização da escolha sexual, tipos de sexualidade e preconceito.

5º caderno didático – Revisionando
O jogo *Revisionando* proporciona uma experiência de gestão estratégica coletiva para revisão ou reconhecimento de temas diversos. Em formato de gincana, promove uma experiência lúdica e reflexiva, estimulando o trabalho coletivo e a criação de novos jogos ou ações brincantes.

Em alguns Cadernos, apresentamos sugestões didáticas para dinamizar a cena brincante antes, durante ou após a experiência com o(s) jogo(s), tais como: discutir livros, filmes, documentários, artigos de opinião, reportagens, dissertações de mestrado, tese de doutorado etc. que abordem a temática em proposição do jogo selecionado. Tal seleção pode ser feita pelo(a) docente, pelos(as) estudantes e/ou seguir a lista de indicações no fim dos Cadernos *Entre Trincheiras*, *Trilha da Sustentabilidade* e *Entre Gênero*.

Destaca-se, por fim, que a experiência destes jogos didáticos para o ensino/aprendizagem dos conteúdos escolares e temas transversais, mostrou-se durante nossa pesquisa como uma prática profícua e assertiva, sendo referendada pelos(as) participantes, nas diferentes etapas da nossa pesquisa.

E-portfólio do Corpo Brincante: acesso aos tabuleiros, cartas e vídeos sobre o jogos[1]

Intitulamos de *E-portfólio do Corpo Brincante* a nossa plataforma de aprendizagem virtual com os seguintes objetivos: a) divulgar o material da pesquisa, distribuindo-o publicamente para uso de professores(as) e estudantes; b) revelar as situações de ensino/aprendizagem elaboradas pelos(as) autores(as) desta proposta e envolvidos(as) durante a criação e/ou experimentação dos jogos de tabuleiro; c) criar novas interfaces de aprendizagens com os(as) usuários(as) do *website*.

Nesta plataforma, estão disponíveis o *e-book*, os cadernos didáticos, os tabuleiros e as cartas de cada jogo, os vídeos e outras informações. Tais produtos dão visibilidade à criação colaborativa e transdisciplinar do conhecimento dos(as) envolvidos(as) na criação dos jogos, documentando-os em seus diferentes estágios e formatos, para acessos remotos. Tal processo nos permite rever processos e produtos após o fato e testar o que foi produzido, retomando os pensamentos apresentados e continuá-los, posteriormente, incluindo e dialogando com novos atores, usuários(as) do website.

Os(as) interlocutores(as), nesta plataforma, poderão criar novos desenhos do processo de aprendizagem, por meio da resolução de problemas e/ou fenômenos etc., onde o design das ações, orientações, atribuições de tarefas etc. ocorrem por meio de novas abordagens cognitivas – os(as) participantes problematizam o fenômeno projetado e criam novas cartografias de aprendizagens.

Ensejamos que os(as) interlocutores(as) do nosso *E-portfólio do Corpo Brincante,* a partir das ideias expostas e desenvolvidas, construam novos conhecimentos para si mesmos e para os outros, usando diferentes fontes, que incluem novas páginas da *web*, livros, revistas ou experiências e observações pessoais, por exemplo.

Desta forma, o *E-portfólio do Corpo Brincante* pode ser uma importante ferramenta de pensamento. Destaca-se que o mais importante não é o fim das produções, mas o processo vivido pelos(as) estudantes ao debaterem os desafios propostos, em cada um dos jogos, estimulando novas produções.

Isso posto, nossa proposta instiga, também, a mudança de paradigma no design instrucional.

Em síntese, elaboramos os diferentes produtos que disponibilizamos para acessos e usos pedagógicos:

---

1   Trecho disponível na introdução do Volume I e transcrito pelos autores, neste Volume, para orientar as interfaces da leitura/interpretação do conjunto da obra.

1. *E-portfólio do corpo brincante*: uma plataforma virtual, disponível em *www.e-corpobrincante.ufop.br* para acesso público ao e-book, aos cadernos didáticos, aos vídeos explicativos, material para download (cartas e tabuleiros) e artigos para maior compreensão da informação tratada, assim como vídeos com temas transdisciplinares de outros(as) educadores(as), conforme detalhamento a seguir.

E-book e livro impresso: *O uso dos jogos de tabuleiro e do E-portfólio do Corpo Brincante no processo educativo (Volume I)*

2. Cadernos Didáticos sobre os jogos criados (Volume II)
    a. Feudo War (Sobre feudalismos)
    b. Entre Trincheiras (Sobre a 1ª guerra mundial)
    c. Trilha da Sustentabilidade (Sobre a sustentabilidade)
    d. Entre Gêneros (Sobre as questões de gênero)
    e. Revisionando (Ensinando a criação de jogos)
3. Tabuleiros e cartas que podem ser baixados via *E-portfólio do Corpo Brincante*
4. Vídeos explicativos de cada jogo e da obra (Apêndice).

Todos os materiais elaborados estão disponibilizados, também, outras formas virtuais de informação/comunicação e compartilhamento para compreensão e/ou uso dos jogos. Vejamos a seguir.
Facebook: https://www.facebook.com/pg/corpoquebrinca/
YouTube: https://www.youtube.com/channel/UCjqe6UeJC1v-jruRz2jvfhA
Instagram: https://www.instagram.com/ocorpobrincante/
Os(as) docentes podem fazer uso da interação virtual com os(as) estudantes quando estiverem distantes fisicamente usando os aplicativos de videoconferência (*Hangout*, *Skype*), fóruns de discussões e produção colaborativa (*Google Drive, Google Maps, Blogger,*) ferramentas de bate-papo por meio de textos, áudios, vídeos ou imagens (*WhatsApp, Facebook, Gtalk, Meet, Zoom, Wherehy* dentre outras) e compartilhamento (*Youtube, Instagram, Dropbox*).

Estas diferentes ferramentas podem possibilitar a reflexão dos diferentes conhecimentos, saberes e informações variadas, e, ainda, instigar a produção de novas interfaces dialógicas, formativas e interativas junto aos(às) interlocutores(as).

Os materiais didáticos podem ser acessados de forma independente, mas se completam, uma vez que o acesso a um caderno, a um vídeo pode convidar a novas leituras e ao experimento de novo jogo.

PREFÁCIO

Aqueles que escolheram o caminho da educação para transformar sonhos em perspectivas de um mundo melhor, peregrinam um cotidiano árduo. Enfrentam as mazelas das desigualdades sociais, subsistem ao desrespeito à liberdade de cátedra constitucionalmente garantida e suplantam a imposição do currículo escolar cujo âmago tem por objetivo obter índices e produzir estatísticas, pouco contribuindo para as mudanças tão necessárias e urgentes acontecerem de fato em nosso País.

Neste panorama adverso, permeado por autoritarismo, pandemia , crise institucional e econômica, a contribuição de "O uso dos jogos de tabuleiro e do E-portfólio do Corpo Brincante" na formação de professores é preciosa, porque educadores conscientes de sua importância são fortalezas dispostas a desafiar qualquer relação de poder que os impeça de buscar uma educação significativa para seus alunos. E os resultados desta pesquisa instigam a resistência!

Os cadernos didáticos, disponíveis no Volume II, revelam percursos onde a construção dos saberes é encaminhada intencionalmente para atividades prazerosas. Mostram, de maneira simples, que a escola pode contribuir para gerar uma sociedade constituída por pessoas capazes de ir além das respostas estáticas e da memorização de conceitos. Apresentam de forma transparente que metodologias educacionais lúdicas conseguem dar conta plenamente dos conteúdos de todas as disciplinas do currículo, permitindo entrelaçá-los numa teia interdisciplinar que atribui sentido e significado real ao conhecimento construído.

O educador que se permita mergulhar no mundo dos jogos, do e-book, do e-portfólio e do corpo brincante, encontrará nestas páginas, vídeos, depoimentos, entrevistas, cartas e tabuleiros, um exemplo de ousadia. Conhecerá educadores que transformaram os espaços e tempos da aula em aliados para transformarem-se em mediadores do conhecimento, conquistando uma escola onde a rotina é deliciosa pois se ampara na cumplicidade, no protagonismo do jovem, na ludicidade, na expressão corporal, no teatro, na surpresa da construção de saberes concebida coletivamente e degustada cotidianamente. E esta ousadia inspira a "Transgredir" – conforme ensina Hernandez.

A proposta de utilização dos jogos como metodologia na educação se adequa plenamente aos anseios de professores e alunos que ao compartilharem um ambiente educativo despido das hierarquias rígidas, proporcionam momentos felizes e significativos a todos, permitindo um saudável e frutífero aprendizado, lado a lado. A obra apresenta, também, modalidades diferentes de jogos – colaborativos, competitivos, desenvolvidos em conjunto com os alunos, e/ou criados pelo professor – para que encontrem aquele que mais se adequa às necessidades das aulas e sintam-se livres para adaptar, criar e organizar uma aula dinâmica e motivadora.

O leitor constatará que nas aulas permeadas pelos jogos, o conhecimento se constrói naturalmente, enquanto as habilidades são mobilizadas e dialogam para dar respostas que não são certas ou erradas. São apenas ponderações relevantes e passíveis de análises e debates levando o aluno a perceber que o mais importante é competir cooperando, interagir respeitando, criar refletindo e valorizar a conquista desse equilíbrio socioemocional como o mais importante, colocando o processo acima dos resultados.

A maneira como se propõem os registros – diários, portfólios e webfólios – também são formas de avaliar inovadoras, oportunizando a autoavaliação, a revisão de posturas e conceitos, oferecendo ao educando e aos professores a possibilidade de rever ideias e ampliar a visão sobre os temas abordados, comparar registros e verificar avanços percebendo a necessidade de reforçar vulnerabilidades no caminho do aprender.

A motivação não se ausenta em nenhum momento das aulas onde os jogos são propulsores do interesse, incentivadores da participação e instigadores da curiosidade. Conteúdos curriculares que em espaços e tempos convencionais seriam apresentados por questionários e textos descritivos cumprindo sua função informativa e ficando retidos na memória dos estudantes por um tempo restrito, tornam-se atrativos e divertidos.

A importância do lúdico na educação reside nessa capacidade inter e transdisciplinar de entrelaçar conteúdos, criar novos contextos e por isso levar ao pensamento crítico. Os jogos "Feudo War" e "Entre Trincheiras" criam verdadeiros túneis do tempo que transportam o jogador por meio da imaginação a contextos histórico-geográficos da Idade Média e Segunda Guerra Mundial, permitindo estabelecer correlações entre passado e presente, realizar comparações e atribuir significado, propiciando uma vivência que não se esquece, uma experiência que se preserva vida afora.

Por meio do jogo "Trilha da Sustentabilidade", cria-se a possibilidade de entender as relações entre a manutenção da vida neste Planeta e as ações humanas de preservação ambiental. Sua forma de conduzir as jogadas faz com que sejam criadas situações onde o educando tome consciência da importância de pequenas ações cotidianas e se posicione criticamente mobilizando saberes de muitas disciplinas – daí seu caráter inter e transdisciplinar – para dar respostas a questões simples e ao mesmo tempo difíceis de implementar sozinho. Por essa trama, leva a perceber que só se ganha o jogo se todos juntos praticarem a mesma estratégia, a da defesa e preservação dos bens naturais que são coletivos. Permite ao educando refletir sobre questões cruciais como a água, a destruição da vegetação, a poluição em suas múltiplas facetas, suscitando a criação de projetos para protagonizar ações conjuntas que promovam mudanças na postura das pessoas e em seus lugares de vivência.

O professor encontrará, ainda, duas outras propostas que estimulam o educando a "aprender a ser" e "aprender a aprender". O jogo "Entre Gêneros", que de uma forma equilibrada, propõe o conhecimento da sexualidade humana no intuito de erradicar preconceitos com base no conhecimento, na tolerância e valorização da diversidade. Estimula o educando a defender o ideal de uma sociedade onde a produção de ambientes de liberdade e pluralidade ofereçam espaço para que todos sejam felizes vendo-se respeitados em suas individualidades. E o jogo "Revisionando", com uma arquitetura didática que traz liberdade à construção do saber, em que o tabuleiro concebido é totalmente aberto, sem temas preestabelecidos para que educandos e educadores o recriem de acordo com sua inventividade e concebam novas propostas atrativas e envolventes a cada nova situação de aprendizagem.

Os resultados desta pesquisa revelam que o pensar acadêmico oferece instrumentos valiosos à transformação da escola num lugar de produção prazerosa de conhecimentos. Apontam que a união de esforços entre escolas e universidades é essencial no enfrentando de entraves à construção de uma escola viva, ativa e transformadora. E por fim, encoraja a luta na busca de tecer uma sociedade mais justa para todos nós.

Sandra Beline
Professora de Geografia da Fundação Instituto de Educação de Barueri e aposentada da rede de ensino público do Estado de São Paulo, especialista em Práticas Pedagógicas pela UFOP

CADERNO DIDÁTICO 1
JOGO *FEUDO WAR*

Caro(a) leitor(a),

Seja muito bem-vindo(a) a este caderno didático do Jogo *Feudo War*. O objetivo deste jogo é discutir os conceitos do feudalismo, que foi um sistema político, econômico e social que predominou na Europa Ocidental, entre início da Idade Média até a afirmação dos Estados modernos, com seu apogeu entre os séculos XI e XIII.

O Jogo *Feudo War* traz abordagens contextuais e conceituais do feudalismo, articulando-as aos fatos contemporâneos de forma lúdica. O jogo permite organizar um mundo à parte, em um cenário onde os reinos feudais podem ser reconstituídos, simulando suas tradições, costumes, crenças e estruturas sociais herdadas dos romanos e dos povos germânicos. Os(as) estudantes são convidados(as) a protagonizarem diferentes personagens no jogo, tornando-se *senhores* ou *servos* que lutam contra sua realidade hostil, ou mesmo, 'vassalos' que cumprem e descumprem as leis em busca de poder.

Assim sendo, por meio da coreografia das cartas – cartas *Efeito* (*Servo* e *Senhor Feudal*), cartas *Problemas* (com temas para debate), cartas de Apoio (*Clero* e *Vassalos*), cartas *Objetivos* (*Senhores Feudais* e os *Servos*) –, e as vilas e as relações nelas estabelecidas que contribuíram para a formação dos feudos são revisitados pelos(as) jogadores(as).

Ao longo da leitura das cartas, regras e explicações do jogo, busque relacionar os fatos passados com concepções ainda presentes em nossa cultura, na educação, nas relações de poder etc. Faça pausas necessárias e novos questionamentos. Troque ideias com os(as) participantes sobre o jogo e tente criar um novo jogo, em outro contexto.

Boa leitura e bom jogo!

1. Finalidade do Jogo

O jogo *Feudo War* tem por via intensificar os saberes históricos sobre as fases do Feudalismo e seus principais conceitos – relação de poder, estrutura de classes, cultura, ensino, hierarquização, rupturas e mudanças.

1.1 Público alvo

O jogo deve ser aplicado, preferencialmente, em salas de aula com estudantes do 7º e 8º anos do Ensino Fundamental e o Ensino Médio, pois desta forma a aplicabilidade será mais bem dividida pelo(a) docente. Esta é uma sugestão interessante em função dos conteúdos que são estabelecidos no currículo nessa etapa do ensino escolar regular.

1.2 Jogando Feudo War

1.2.1 Descrição física

O jogo é composto de:
- 01 (um) tabuleiro (1m x 0,8m)
- 02 (dois) dados de seis lados
- 04 (quatro) peças-personagens nas cores: amarelo, vermelho, roxo e azul
- 30 (trinta) *cartas personagens* separadas entre *Servos, Senhor Feudal* e *Invasores;*
- 40 (quarenta) *cartas efeito* diferenciadas por cores – amarelo ou vermelho – divididas entre *Servo* e *Senhor Feudal* respectivamente
- 20 (vinte) *cartas problemas* para todos os jogadores
- 25 (vinte e cinco) *cartas apoio* divididas em *Clero* e *Vassalos*
- 4 (quatro) *cartas objetivos*: três cartas para os *Senhores Feudais* e uma para os *Servos*.

2. A perspectiva do tabuleiro *Feudo War*

O tabuleiro do jogo *Feudo War* tem uma perspectiva nova uma vez que não há uma ordem de movimentos. Inspirada pelos jogos eletrônicos, esta liberdade de movimentos tem também um fundo pedagógico – possibilitar infinitas jogadas. Inserir servos, constituir novos vassalos, tomar feudos, todas essas questões estão presentes no tabuleiro, a todo o momento, e reconstroem uma proposta para conhecimento da Idade Média, com jogadas contemporâneas, que propícia de relevantes reflexões em um mapa interativo, Figura 1.

Figura 1 – Tabuleiro do jogo *Feudo War*[2]

Fonte: Projeto de pesquisa *O Corpo Brincante* – FAPEMIG/UFOP (2017 – 2020).

2.1 Os espaços comuns

O jogo recompõe uma seleção importante para a reflexão acerca do real uso dos espaços comuns e a discussão que cerca a liberdade humana, e mostra também o real impacto da propriedade privada no mundo globalizado dos dias atuais.

Os feudos

A intenção dos feudos é dar sentido à prática jogada. Os feudos são o centro da discussão sobre a propriedade na Idade Média. As relações de poder, posse, controle, troca de funções e hierarquias que acontecem dentro do Feudo.

---

2   A foto da Figura 1, bem como todas as imagens de tabuleiros e cartas mostradas nas figuras subsequentes deste Caderno Didático, foram elaboradas por Eduardo Mognon Ferreira, para o Projeto de Pesquisa *O Corpo Brincante* – FAPEMIG/UFOP (2017 – 2020), coordenado pela Professora Márcia Ambrósio Rodrigues Rezende – UFOP.

2.2 Descrição processual do jogo em ação

O tabuleiro é composto por:
- 6 áreas denominadas *Feudo* enumeradas por números romanos (*Feudo I, Feudo II, Feudo III, Feudo IV, Feudo V e Feudo VI*)
- 2 áreas denominadas "Terra Comum"
- Um ponto de partida (*Feudo War*)
- Uma trilha (seccionada em casas) que interliga os feudos e as terras comuns, na qual as peças serão movimentadas.

2.3 Jogabilidade – disposições gerais

- O jogo terá 4 participantes no tabuleiro – cada peça do tabuleiro pode ter até 8 estudantes compondo a equipe, totalizando 32 jogadores.
- Cada peça será colocada sobre o ponto de partida (indicado como *Feudo War*) do tabuleiro e será eleita uma ordem de jogadas.
- As 4 peças são divididas em 3 representando os *invasores* e somente 1 delas representa os *servos* (simbolizado sempre pela peça de cor amarela).
- Cada equipe pegará uma 'carta objetivo' contendo os objetivos que precisa realizar.

2.4 Disposição do tabuleiro antes do início da partida

- Será colocada 1 (uma) *carta Servo* nas áreas correspondentes a cada *feudo* e à *terra comum*.

2.4.1 Primeira rodada

- Determina-se, aleatoriamente, a ordem de jogada de cada equipe
- De acordo com os turnos joga-se o dado para determinar quantas casas a equipe andará no tabuleiro.

Intervenções – são ações que poderão ser provocadas ou desencadeadas, tais como:

Ponto de Exclamação – toda vez que a equipe cair sobre este símbolo ela será responsável por responder (solucionar) uma *carta Problema*. Caso responda (solucione) de forma satisfatória (na ótica do professor e dos colegas por meio do consenso-lógico) será concedido à equipe uma *carta Efeito*.

Atenção aos seguintes avisos:

- Para os *Servos,* as *Cartas Efeito* serão retiradas do *deck* de cartas amarelas.
- Para os *Invasores,* as *Cartas Efeito* serão retiradas do *deck* de cartas vermelhas.

Estas cartas desencadearam uma consequência a ser aplicada, instantaneamente para a equipe, ou seja, as *cartas Efeito* não são cumulativas e após seu efeito retornarão para o final do respectivo *deck* de cartas sobre o tabuleiro.

Caso não seja satisfatória a resposta dada na carta problema a equipe perde o direito de pegar uma *carta Efeito.*

2.4.2 Entrada na Terra Comum

A entrada é permitida para todas as equipes, no entanto, há consequências particulares para cada classe: os *Invasores* ou *Servos.*

Se a equipe for *Servo,* poderá retirar qualquer *Carta Servo* de qualquer *feudo* e colocá-la em uma *Terra Comum.*

Se a equipe for *Invasor,* poderá recolocar a *carta Servo* que estava na *Terra Comum* em qualquer *Feudo.*

Caso não haja nenhuma *carta Servo* na área da *Terra Comum*, não poderá desfrutar da consequência.

No caso da equipe *Servos*, não havendo *carta Servo* em nenhum dos *Feudos*, também não poderá desfrutar da consequência.

2.4.3 Entrada no Feudo

Só poderão entrar no *Feudo* as *equipes Invasores*. Ao chegar à entrada de um *Feudo*, a equipe decidirá se vai tentar entrar ou não. Caso escolha entrar, será necessário consultar dois apontamentos, conforme as duas situações descritas a seguir:

- **Situação 1:** Se o *feudo* ainda não estiver ocupado por um *invasor*, automaticamente a equipe ganha a posse provisória do *Feudo* e posiciona sua:
  Carta Invasor sobre o **Feudo** ocupado e ganha o direito de retirar uma "*carta azul* ou uma *carta roxa* representando, respectivamente, Vassalos e Clero.
  Após permanecer no *Feudo*, durante uma rodada, colocará uma carta *Senhor Feudal* em cima do *Feudo* simbolizando que este está

dominado e retirar a *Carta Invasor*, guardando a posse desta carta para às próximas invasões.

- **Situação 2:** Caso o *Feudo* já esteja ocupado, a equipe ocupante desencadeará a batalha.

2.4.4 O processo de guerra: A Batalha

Quando o *Feudo* está dominado, inicia-se o conflito do *Invasor* com o *Senhor Feudal*, que consiste em duas partes:
1. **Ataque**: A equipe que estiver atacando o *Feudo* utilizará somente sua *Carta Invasor*.
2. **Defesa:** A equipe que estiver sob a posse do *Feudo* poderá defendê--lo mobilizando o número de *Cartas Vassalo* que achar necessário.

2.4.5 Como batalhar?

Para iniciar o conflito, cada equipe terá o direito de lançar o dado em um número correspondente à quantidade de *Cartas* posicionadas para o conflito. Exemplo:

> Em uma situação de batalha no *Feudo I* a equipe que estiver defendendo terá em mãos uma carta *Senhor Feudal* e uma *Carta Vassalo*. Dessa forma, ao defender, terá o direito de lançar duas vezes o dado. A equipe dos invasores (ataque), por sua vez, tentará atacar o feudo e poderá usar somente uma carta: a *Carta Invasor*.

Conforme especificado, a equipe de defesa lançará dois dados, e a de ataque lançará somente um.

2.4.6 Contabilização da batalha:

A primeira equipe (defesa) lançará dois dados nos quais o número correspondente será multiplicado pelo número de defesa da carta selecionada, por exemplo:

> Carta *Senhor Feudal*: defesa 6. Número retirado no dado: 2. Calcula-se: 6x2=12. Repete-se o mesmo procedimento para a carta *Vassalo* e somam--se os valores obtidos na multiplicação.

A segunda equipe (ataque) lançará 1 (um) dado no qual o número sorteado será multiplicado pelo valor de ataque da *carta Invasor*, como por exemplo:

Carta Invasor: defesa 5. Número retirado no dado: 3. Resultado da força de ataque: 3x5=15.

Observação: Caso a equipe de ataque possua *Cartas Vassalos* colocadas em outro feudo, elas poderão ser acrescentadas, de acordo com a decisão do grupo, na somatória do ataque utilizando-se o mesmo método de batalha = lançamento e multiplicação dos valores retirados dos dados. Caso ganhe a batalha, a equipe atacante deve colocar a *Carta Vassalo* usado em batalha no feudo dominado

2.4.7 Equipe vencedora

A equipe vencedora será a que conseguir superar o total contabilizado pela soma do conflito, como se explica a seguir:

A equipe de ataque (*Invasores*) contabilizou 15 pontos de ataque.
A equipe de defesa (*Senhor Feudal*) contabilizou 20 pontos de defesa.
Resultado: invasão mal sucedida.
Para as próximas batalhas, será utilizada a *Carta Invasor*, porém a equipe pode mobilizar outras *Cartas Vassalos* para atacar caso contenha outros *Feudos* dominados.

2.4.8 Consequências da Batalha

Vitória *Senhor Feudal*
Ganha o direito de retirar uma carta azul ou roxa para posicioná-la em qualquer feudo que esteja sob sua possessão.
O *Invasor* não poderá atacar o mesmo *Feudo* durante 2 (duas) rodadas.
Vitória *Invasor*
O *Senhor Feudal* perde a posse do *Feudo*, e todas suas cartas posicionadas serão perdidas.
O *Invasor* terá o direito de retirar uma carta azul ou roxa para assentar-se no *Feudo* invadido.

2.4.9 Finalização do jogo

O jogo é finalizado quando uma das equipes mostra que cumpriu o objetivo da carta designada no início da partida.

Observação sobre *as encruzilhadas*

- Quando uma das equipes estiver diante de uma encruzilhada e desejar convergir para esquerda ou direita, deverá esperar uma rodada para jogar, novamente, o dado e realizar a conversão. Ou seja, mesmo retirando um valor maior no dado que garanta um avanço para além da encruzilhada a equipe não poderá realizar a conversão se não esperar uma rodada onde está a *encruzilhada*.
- Não há uma ordem linear e/ou sequencial de movimentação no tabuleiro, ou seja, não há um ponto inicial, final ou ordem correta de movimentação. O tabuleiro é construído para proporcionar uma livre movimentação das equipes de acordo com as estratégias de jogo.
- Toda vez que uma carta sair do jogo por qualquer motivo, ela volta para o baralho de cartas para ser coletada mais uma vez. Por exemplo: se um S*ervo* foi retirado do *Feudo IV*, ele volta para o baralho de *Cartas de Servo*. E assim vai acontecer com qualquer outra carta como *Carta Efeito* etc.

3. Descrição das cartas

Carta Servo

Não possui ataque e defesa. Não pode ser usada em batalhas e seu objetivo é especificar, simplesmente, a quantidade de servos de cada *Feudo* ou *Terra Comum*.

Carta Invasor

Possui ataque e defesa de valor padrão 5 (cinco). Serão utilizadas somente em situações de invasão de *feudos*.

Carta Senhor Feudal

Possui ataque padrão 1 (um) e defesa padrão 6 (seis). Pode ser utilizada somente em situações de defesa.

Carta Vassalo

Possui ataque e defesa variados entre os valores de 1 a 3. Será mobilizada em duas situações:

1. Para defender o *Feudo* em posse e
2. Para atacar *Feudos* estrangeiros (caso o *Senhor Feudal* possua *Carta Vassalo* em sua terra).

Carta Clero

Não possui ataque, nem defesa. Seu único objetivo é contribuir para a realização dos objetivos designados nas *Cartas Objetivos*.

Carta Objetivo

Designa os objetivos a serem cumpridos por cada equipe.

Carta Efeito

Representa consequências aleatórias (benéficas ou maléficas para a equipe) e imediatas para o funcionamento do jogo.

Carta Problema

Lança uma problemática para o grupo a partir de eventos históricos e relaciona-os ao tempo presente, com o objetivo de perceber rupturas e mudanças entre a Idade Média e o Presente.

3.1 A intencionalidade das cartas

As cartas deste jogo têm uma dupla função:

1. proporcionar as estratégias para o cumprimento dos objetivos do jogo;
2. promover o debate sobre tempos que se conectam entre passado, presente e futuro.

A unificação da construção de jogadas estratégicas, acompanhadas de uma organização de cartas 'intensivas' a reflexão, o jogo *Feudo War* quer trazer a Idade Média para dentro da sala de aula por meio de duas questões relevantes:

1. O contexto histórico vivido durante a idade média influencia situações contemporâneas?
2. Como podemos aprender com as relações experimentadas no passado?

Por meio dos movimentos das cartas, propomos a vivência desta aventura no mundo feudal.

As Cartas Reflexão

Figura 2 – Exemplo da *Carta Reflexão* 11, do jogo *Feudo War*

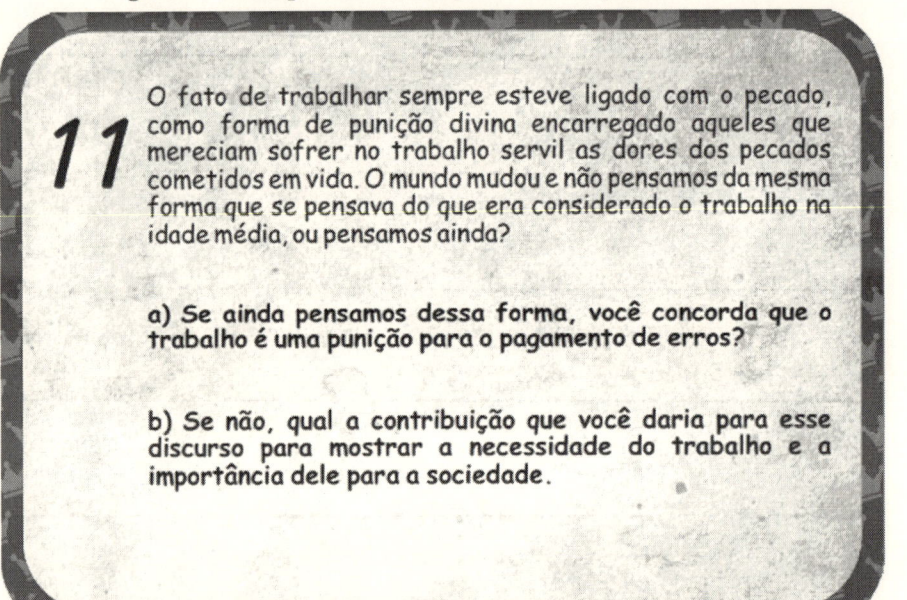

> **11**
>
> O fato de trabalhar sempre esteve ligado com o pecado, como forma de punição divina encarregado aqueles que mereciam sofrer no trabalho servil as dores dos pecados cometidos em vida. O mundo mudou e não pensamos da mesma forma que se pensava do que era considerado o trabalho na idade média, ou pensamos ainda?
>
> a) Se ainda pensamos dessa forma, você concorda que o trabalho é uma punição para o pagamento de erros?
>
> b) Se não, qual a contribuição que você daria para esse discurso para mostrar a necessidade do trabalho e a importância dele para a sociedade.

Fonte: Projeto de pesquisa *O Corpo Brincante* – FAPEMIG/UFOP (2017 – 2020).

Como o próprio nome sugere, as *cartas reflexão* têm como finalidade refletir acerca dos conceitos que o jogo coloca em debate. Por meio delas, ocorrem as ações do jogo, conduzindo os(as) jogadores(as) a refletirem sobre o passado à luz do presente, na perspectiva do futuro.

Havendo no total 20 *Cartas Reflexão*, elas podem ser obtidas por meio do símbolo ponto de exclamação (!) que é visível no tabuleiro do jogo. Para cada pouso de uma das equipes sobre esse símbolo, remete-se a uma questão (*Carta Reflexão*) da era feudal, que repercutirá no chamado *combate de ideias*, provocando uma discussão coletiva sobre o tema da carta.[3] Desta forma, o questionamento se apresenta no ritmo de um debate, durante o qual os jogadores se organizam para propor respostas, formular novas indagações e até novas questões sobre o tema. O reflexo dessa discussão é a possibilidade de coletar

---

[3] Lembramos que a finalidade é provocar reflexões e não é de achar uma resposta exata para a questão.

uma *Carta Efeito,* que dará uma jogada para a equipe de modo aleatório, na qual o parâmetro da estratégia e da boa jogada entram em cena.

As Cartas Efeito

Figura 3 – Exemplo da *Carta Efeito 2,* do Jogo *Feudo War*

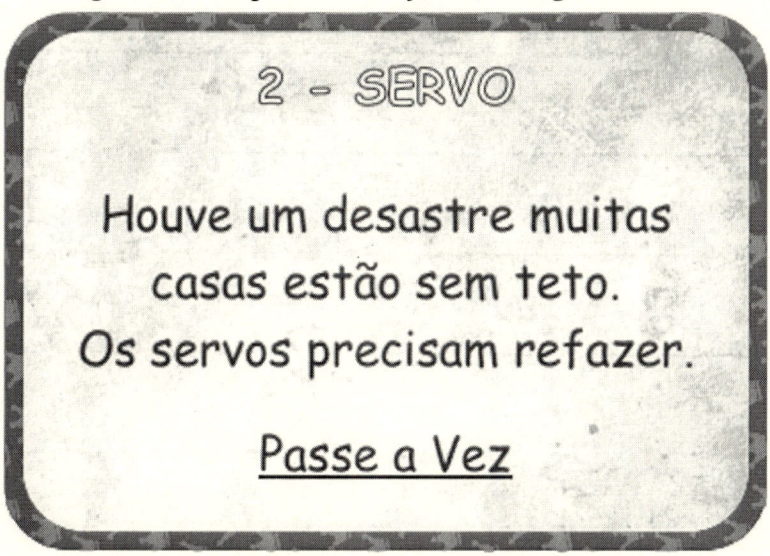

Fonte: Projeto de pesquisa *O Corpo Brincante* – FAPEMIG/UFOP (2017 – 2020).

Todo jogo precisa se mover, criar a cena, dar a estratégia. As *Cartas Efeitos* têm o intuito de fazer o(a) jogador(a) pensar. Cada *Carta Efeito* conta um pouco do cotidiano dos feudos, da vida na Idade Média, das tributações, dos senhores, dos guerreiros. Essa questão dará ao jogador um efeito, uma oportunidade de fazer a jogada certa, conforme seu objetivo.

As *Cartas Efeito* promovem a dinâmica do jogo, fazendo os dados rolarem – na expectativa do que virá, para esperar a carta certa chegar. E mesmo que a jogada não saia como a planejado, há sempre mais uma Carta Efeito esperando pelo jogador.

As Cartas Clero

Figura 4 – Exemplo da *Carta Clero*, do jogo *Feudo War*

Fonte: Projeto de pesquisa *O Corpo Brincante* – FAPEMIG/UFOP (2017 – 2020).

O jogo tem a sua divisão nas 4 classes que podemos salientar dentro da formação dos feudos, na Idade Média: os senhores feudais, os vassalos, o clero e os servos, conforme diagrama abaixo:

Figura 5 – Diagrama dos feudos na Idade Média, do Jogo *Feudo War*

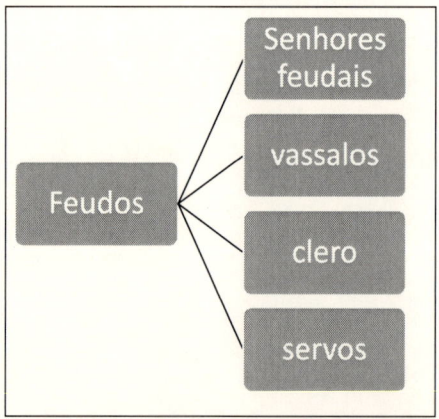

Fonte: Diagrama dos feudos, elaborado pelos autores (2020).

Cada uma destas classes interfere, de maneira diferente, no funcionamento de um feudo. Isso significa dizer que o jogo *Feudo War* acompanha esta lógica e propõe que o jogo possa, sim, estar se aproximando das diferentes experiências da Idade Média. Neste aspecto, a *Carta Clero* tem como objetivo contar um pouco da história da influência da igreja daquele tempo, a formação dos territórios e a disputa de espaços na Europa. Portanto, as *Cartas Clero*, dentro do jogo, apresentam informações relevantes, são peças fundamentais para a realização dos objetivos do jogo.

As Cartas Servos

Figura 6 – Exemplo da *Carta Servo*, do Jogo *Feudo War*

Fonte: Projeto de pesquisa *O Corpo Brincante* – FAPEMIG/UFOP (2017 – 2020).

Os servos podem ser considerados, neste jogo, como o grande centro da ação da Idade Média. Sendo a principal mão de obra deste tempo. Os servos compunham a classe dos seres humanos que limpavam, cortavam, plantavam, construíam, organizavam o espaço físico e de sustento do feudo. Cercados de uma cultura vasta pelas habilidades e o manejo com animais e plantas, com sua devida domesticação.

Durante o jogo, os servos representam os(as) jogadores(as) que pertencem à equipe de combate, sendo a força motriz do jogo para o cumprimento do objetivo de qualquer jogador(a).

As Cartas Vassalos

Os Vassalos são os cavaleiros que obedecem às ordens dos reis. Tratados como uma classe 'nobre', organizam-se em seguidores dos senhores feudais, sendo os mesmos que já lutaram com o mesmo rei, quando este ainda era um invasor de uma terra comum.

Seus atributos são a lealdade ao rei, proteção ao feudo e a vida abonada com suas regalias pelos trabalhos prestados. Sua influência principal está no combate e nas estratégias de defesa em relação a possíveis invasores.

Figura 7 – **Exemplo da *Carta Vassalo*, do Jogo *Feudo War***

Fonte: Projeto de pesquisa *O Corpo Brincante* – FAPEMIG/UFOP (2017 – 2020).

As Cartas Invasores

Os invasores são os que dominam as terras comuns e assumem o papel de Senhor do Feudo. As áreas que tinham tendência à produção rural e ao controle dos animais vão sendo tomadas por grupos que procuram um cerco territorial. Esse cerco, com organização de famílias nobres e centralização do poder, vai dando a formação das vilas, protegidas entre seus muros e suas longas pradarias, como o conhecido feudos. Esse arranjo feudal tem como iniciativa a tomada de poder de um Rei, que estabelece normas em grande medida a seus súditos fiéis (vassalos) e seus moradores (servos) que por proteção são destinados ao trabalho braçal para sua sobrevivência.

Figura 8 – Exemplo da *Carta Invasor, do* Jogo *Feudo War*

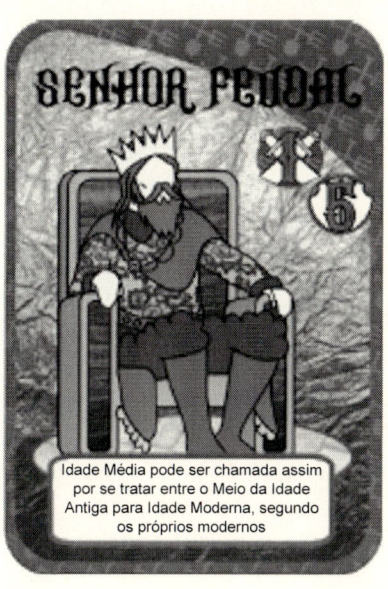

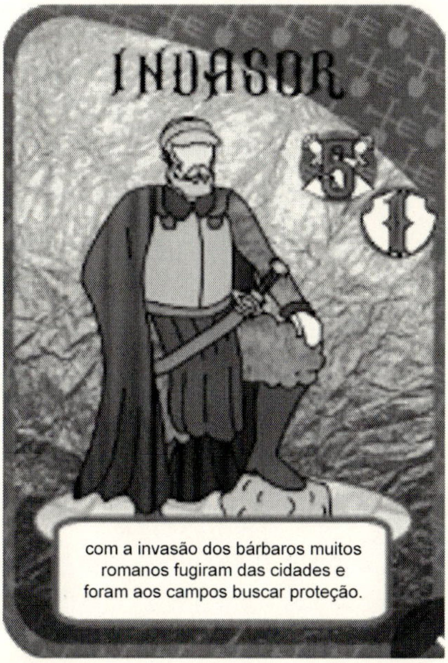
INVASOR
com a invasão dos bárbaros muitos romanos fugiram das cidades e foram aos campos buscar proteção.

Fonte: Projeto de pesquisa *O Corpo Brincante* – FAPEMIG/UFOP (2017 – 2020).

As cartas Senhor Feudal

Figura 9 – Exemplo da *Carta Senhor Feudal do* Jogo *Feudo War*

SENHOR FEUDAL
Idade Média pode ser chamada assim por se tratar entre o Meio da Idade Antiga para Idade Moderna, segundo os próprios modernos

Fonte: Projeto de pesquisa *O Corpo Brincante* – FAPEMIG/UFOP (2017 – 2020).

O senhor feudal é o centro da atenção de qualquer vila ou comunidade protegida; sendo assim, atua no *Feudo War* como o objeto que tem que ser protegido e mantido a todo o custo. E ainda revela algo importante: nada vale um rei sem os outros personagens. Ou seja, ele tem sua importância, mas não pode ser encarado como unânime. O rei, o senhor, lidera um corpo de pessoas, mas elas fazem parte do seu corpo também, mesmo que na era feudal, isso não pudesse ser encarado desta forma. Mas, e hoje, pode? Além de questionar a carta do Senhor Feudal é aquele que toma um reino pra si e administra toda uma comunidade.

4. Descrição das Cartas Problema

As Cartas Problema expõem diferentes temáticas dentro da realidade do jogo *Feudo War e* provocam os jogadores a pensarem a relação passado e presente, incitando a organização de novas articulações para refletir sobre esse tempo histórico. Durante o jogo elas aparecerão de forma aleatória, como apresentam a seguir:

Carta 1

Os feudos começam a surgir a partir das invasões que se configuram como eventos marcantes para esse acontecimento. Povos como os Vikings, Húngaros e Sarracenos chegam dos quatro cantos do Continente Europeu em busca de terras e, com isso, geram diversos conflitos. Ao mesmo tempo, ocorre uma grande descentralização do poder político, dando início ao que chamamos de feudalismo. Assim, a atitude de muitos servos era de se unir a feudos e darem sua mão de obra para os suseranos, em troca de proteção.
Você faria o mesmo?

a. Sim, faria. A única saída era dar a única coisa que tinha, a mão de obra para não perder a vida.
A partir desta escolha, deve-se incluir mais um servo no Feudo I, pois é necessário ter mais trabalhadores(as).

b. Eu nunca faria dessa forma, usaria outra estratégia, ao invés de sair da mão de invasores para cair na mão de exploradores.
A partir desta escolha os(as) jogadores(as) devem explicar qual seria a estratégia de lidar com essa questão, se for aprovado e for INVASOR terá direito de atacar um Feudo, se for SERVO terá direito de jogar mais uma vez.

Carta 2

A servidão era um trabalho também feito pela própria vontade do camponês, e este tinha que cumprir suas tarefas para seu sustento e as ordens comuns das terras do feudo.
- Na relação escravista o processo era parecido?
- Os escravos trabalhavam por vontade própria ou eram forçados?
- Quais das duas funções eram mais difíceis de realizar?
- O grupo acha que ainda vivemos em tempos de escravidão ou servidão?

Carta 3

Vocês, nobres cavaleiros, acabaram de fazer um pacto com o Suserano, e terão de comprometer a cumprir a força militar de seu reino, prestar conselhos ao suserano, realizar cavalgadas e dar ajuda financeira ao Feudo se necessário, como pagar um resgate. Em troca você receberá o ato da investidura no qual receberá um feudo, na forma de terras, pensão ou rendimento agrícola. Você aceita este pacto?

    a. Sim, aceito e irei honrar com a minha vida, não viverei mais nenhum um dia em que não esteja preocupado com a proteção deste Feudo. (Pegue mais uma carta efeito e dê 3 vantagens que o grupo analise ter feito o pacto com o Senhor Feudal)

    b. Nunca, tenho minha liberdade e mantê-la-ei da forma que sempre estive livre e pronto para a guerra, mas sem defender ninguém. Fiquem com suas terras!
(Jogue mais uma vez).

Carta 4

As diferenças entre Servo e Vassalo eram muitas. Desde a classe em que se encontravam, até os papéis que estabeleciam na sociedade e as dificuldades que viviam em determinados momentos.

Cite uma vantagem de ser Servo e uma vantagem de ser Vassalo.

No lugar de um deles, os integrantes do grupo fariam algo de diferente para sair da condição atual?

Carta 5

Desde o império Carolíngio os Senhores Feudais já aparecem como grandes proprietários de terra, alojando-se em grandes castelos e tendo como Servos muitos camponeses. Essa relação passava por um processo de servidão e de pagamento de tributos tais como a Talha (fornecimento de tributos como cereais) e a corvéia (os servos pagavam esse tributo realizando tarefas domésticas, cuidando dos rebanhos para os Senhores Feudais).

Você considera justo o modo de vida vivido por esse servo – pagamento de tributos e serviços?

O grupo acredita que a condição de Servo mudou muito até o século XXI, considerando os impostos, o preço dos alimentos, o serviço e a corrupção do estado.

Carta 6

A sociedade feudal era considerada uma sociedade de Ordens composta por três segmentos – Clero, Vassalo e Servos. Suas funções eram respectivamente: Orar, Combater e Trabalhar. O clero ocupava a ponta desta hierarquia com o poder divino da Oração.
- Nossa sociedade atual carrega Hierarquias? Você percebe isso no seu cotidiano? Existem ainda os que mandam e os que obedecem? O seu grupo teria uma solução para o problema? Se conseguir propor uma saída jogue mais uma vez e tendo a possibilidade de anular a carta efeito da sua equipe nesta rodada se não for favorável ao grupo.

Carta 7

Quantas profissões hoje é possível pensar no mundo atual? Muitas com toda certeza. Na era Feudal o crescimento dos comércios deu início a uma série de profissões que conhecemos até hoje. Como o comerciante, ferreiro, artesão e tantos outros.

Você consegue pensar em profissões que existiam a muito tempo atrás e que estão vivos até hoje.

Cite 3 profissões que existiam há muito tempo atrás e estão vivas até hoje

Carta 8

Quantas profissões hoje é possível pensar no mundo atual? Muitas com toda certeza. Na era Feudal o crescimento dos comércios deu início a uma série de profissões que conhecemos até hoje. Como o comerciante, ferreiro, artesão e tantos outros.

Você consegue pensar em profissões que existiam a muito tempo atrás e que estão vivos até hoje.

Cite 3 profissões que existiam há muito tempo atrás e estão vivas até hoje.

Carta 9

O renascimento urbano começou a se efetuar no século XI, modificando assim o crescimento das cidades que eram consideradas urbanas, incluindo grandes rotas comerciais. Muitos camponeses tentaram a vida nas grandes cidades, uma vez que a vida no campo era uma vida sofrida.
Você tentaria sair para a cidade para melhorar de vida?
a) Se sim, explique o que você falaria para o Senhor Feudal para sair do seu Feudo e tentar a vida na cidade.
(O Senhor Feudal será o mediador do jogo e se você convencê-lo poderá retirar um servo de qualquer Feudo).
b) Se não, justifique como está bom viver no Feudo, sabendo do trabalho na cidade mas que vai ficar por aqui mesmo.

Carta 10

"O ar da cidade liberta".
Esse ditado era usado pelos Servos, que viam a oportunidade de se retirar das dificuldades do campo para tentar a vida nas cidades. Esse foi o exemplo de várias famílias ao redor dos feudos. Um dos servos nos concedeu uma entrevista no qual destacou.
A grande questão é, há diferenças do trabalho servido no feudo e na cidade? Alguns diriam: claro, a cidade se tem mais liberdade você pensa mais em si, no campo se tem muito o que se pagar como os tributos e o trabalho servil é doloroso. Eu prefiro dizer que ser pobre e servo é difícil em qualquer lugar.
O que o seu grupo pensa sobre isso?

Carta 11

O trabalho sempre esteve ligado com o pecado, como forma de punição divina encarregado aqueles que mereciam sofrer no trabalho servil as dores dos pecados cometidos em vida.
O mundo mudou e pensamos da mesma forma que se pensava sobre o trabalho na idade média, ou pensamos ainda?
a) Se ainda pensamos dessa forma, você concorda que o trabalho é uma punição para o pagamento de erros?
b) Se não, qual a contribuição que você daria para esse discurso para mostrar a necessidade do trabalho e dos direitos do trabalhador, vendo sua importância para a construção da sociedade.

Carta 12

Papa x Império.

Esse palco foi uma grande disputa entre 1075 a 1122. O que estava em jogo era a hegemonia política sobre as populações da Europa Cristã, na questão de quem deveria governar? O imperador ou o papa?

Na sua opinião quem deveria governar o poder político o Imperador ou o Papa?

Se for o Imperador, coloque mais um vassalo em qualquer feudo se for invasor, se for servo mais um servo em qualquer feudo. Se for o papa passe a vez e coloque uma carta clero em qualquer feudo.

Carta 13

As feiras de *Champagne* eram, no século XI, duravam quase o ano inteiro com diversos produtos de comércio. Porém o que justificava um tipo de feira que durava durante todo o ano e fazia um extremo sucesso?
    a. A grande migração para as cidades e o aumento comercial, isso fazia com que o comércio tivesse muito mais opção e variedades para ampliar seu funcionamento.
    (Se for essa a opção que faria o comércio ficar mais tempo aberto pegue mais uma carta efeito, podendo ativar em outro jogador caso queira).
    b. Se não for a migração para as cidades e o aumento comercial, qual opção você daria para justificar essa grande feira?
    (Se conseguir acertar, jogue mais uma vez).

Carta 14

A divisão do trabalho foi formulado no crescimento das cidades e nomeadas como corporações de ofício. Funcionava da seguinte maneira o mestre de algum tipo de profissão, treinava aprendizes para a profissão em uma espécie de curso experimental, para que no futuro pudessem seguir os passos do pai, ou do mestre. Essa troca sugeria uma mão de obra barata e fiel do aprendiz, por casa, comida e vestimentas.
- É possível ainda uma relação como essa em um mundo tão individual e com um capital tão devorador?
- Você seria um aprendiz dedicado a uma profissão no qual você acreditasse realizar?

Escolha uma profissão que seu grupo aprenderia e mostre como um bom mestre deveria ser para ensiná-la.

Carta 15

As monarquias feudais representavam uma grande força dentro dos Feudos em que comandavam e com elas diversos acordos e parcerias eram submetidos em pró do bem estar do reino, dentre elas estavam os pactos com a Igreja. Esses pactos variavam dependendo do nível de interesse da Igreja em relação ao Reino. Esses domínios permaneceram durante muito tempo, e hoje qual é a relação entre religião e política, podemos pensar que vivemos ainda em uma negociação entre Fé e Poder?

Carta 16

As cruzadas sempre foram inspirações políticas e religiosas – a busca por novas terras e o combates aos infiéis. Essa prática mesmo com as suas justificativas gerou muitas guerras e modificações sociais diversas.
Como muitas vezes os nobres entravam em combate, formule uma forma de diminuir a guerra e provocar novas formas de negociação (a partir desta ação você pode colocar mais um servo em qualquer feudo).
Caso queira lutar, invada um Feudo e comece uma batalha se for invasor, se for Servo retire um vassalo de qualquer Feudo.

Carta 17

A *Trégua de Deus*, foi um reforço das proibições dirigidas à cavalaria, impondo um calendário que não permitia o conflito em dias santos. Essa nova forma de ver a guerra estipulava uma centralidade política que visava a conquista, mas respeitava os dogmas da igreja.
Se você fosse o Papa Urbano II, qual seria o seu pronunciamento para conter a guerra ao invés de somente parar em dias santos? (Se conseguir uma boa saída jogue mais uma vez).

Carta 18

A Conquista da Terra Santa era marcada por um discurso de resgatar a terra da mão dos infiéis que pareciam não conseguir comungar corretamente a lei cristã. Essa cruzada renderia o sangue de inocentes em troca de muitos cavaleiros que buscavam a remissão de todos os seus pecados pelo pagamento de indulgências plenas. Essa troca era válida, a retirada de uma vida, para salvar a sua?
    a)   Se sim, você ganha mais um Vassalo, mas fica uma rodada sem jogar.
    b)   Se não, você joga mais uma vez.

Carta 19

Vamos lutar?

As cruzadas foram momentos de dominação pela fé e exercício do poder clerical em pró de expansão territorial e domínio da "Terra Santa".

Hoje vivemos em um mundo cercado de opiniões, quebra de preconceitos religiosos, de gênero, político, mas ainda temos muito o fazer para termos um lugar melhor.

Neste aspecto como você vê o processo das Cruzadas?
   a)   Faria guerra, pois sem ela não há mudança. Nós vivemos em guerra com nós mesmos e merecemos aprender pela dor e pela guerra (avance 3 casas e passe a vez do grupo seguinte).
   b)   A guerra nunca foi solução, precisamos unir nossas diferenças e encontrar um caminho melhor para pensar como podemos nos relacionar melhor no mundo. A guerra só traz tristeza, sacrifícios humanos e nunca há vencedores (Todos os jogadores avançam 2 casas e o jogador atual pode pegar mais uma carta efeito).

Carta 20

As Cruzadas também suscitaram em uma grande rota de comércio que estava em expansão. Todo o mediterrâneo se movimentava na época das expansões e guerras. Um exemplo disso é o aumento da cidade de Gênova que atingia cerca de 100 mil habitantes no século XII. Essa transformação do comércio mudou o cotidiano das pessoas durante a Idade Média

- É possível viver sem comércio hoje?
- Conseguiríamos fazer o que fazemos sem a venda e compra de produtos?
- Explique como seria possível viver sem o comércio atualmente?

5. Quando jogamos *Feudo War*, aonde queremos chegar?

O jogo *Feudo War* pode motivar o debate sobre o feudalismo, conteúdo escolar que, geralmente, não desperta interesse nos estudantes. Durante esta leitura, e na experiência do jogo, outros fatos, conceitos e contextos relacionados à plataforma do *Feudo War* podem ser abordados, como, por exemplo: as ordens da sociedade feudal, a origem e natureza do poder, da economia e da cultura; as heresias, o clero secular e o clero regular; o ensino, o conhecimento, as artes (arquitetura, escultura, pintura) e as universidades, sendo que todos esses aspectos, à época, estiveram a serviço das questões relativas aos dogmas e preceitos da fé católica. Vale a pena aprofundar nesses conceitos e debater suas consequências nas diferentes instituições societais dos tempos atuais.

Noutro prisma, o jogo, como recurso didático, permite desenvolver o conceito de trabalho em equipe e promover aprendizagens sobre os conteúdos da História, de forma significativa. Uma mediação adequada, durante o jogo, deve estar focada no incentivo de novas interações, no enriquecimento do debate, na instigação de novas perguntas etc., com o objetivo de aprofundar o conhecimento dos temas que o jogo coloca em cena, na sala de aula.

Estimulamos, durante a leitura deste caderno, que haja envolvimento dos(as) docentes e estudantes não só no sentido de reproduzirem este jogo, mas também de construírem seus próprios jogos. A partir dessa ideia, você pode ressignificar as regras, as cartas, ou ouvir novas propostas. Enfim, o que demonstramos, por meio desta orientação, é que o jogo não está limitado ao tema do feudalismo e, que, com algumas mudanças, um novo "mosaico" pode se formar a partir de novos temas.

6. Para saber mais...

GIACOMONI, M. P. Construindo jogos para o Ensino de História. *In:* GIACOMONI, M. P.; PEREIRA, N. M. (orgs.). **Jogos para o ensino de História.** Porto Alegre: Evangraf, 2013

VAINFAS, Ronado *et al.* **História**: das sociedades sem Estado às monarquias absolutistas. v. 1. São Paulo: Saraiva, 2010.

CADERNO DIDÁTICO 2
JOGO *ENTRE TRINCHEIRAS*

Caro(a) leitor(a),

Seja muito bem-vindo(a) a este caderno do *Jogo Entre Trincheiras*. O jogo tem como cenário a Primeira Guerra Mundial, centrada na Europa, iniciada em 28 de julho de 1914 e encerrada em 11 novembro de 1918, com a assinatura do armistício entre Alemanha e Aliados. A finalidade do jogo é intensificar, por meio da *dança das cartas*, denominadas *Cartas Bomba*, os saberes históricos sobre as fases da Primeira Guerra Mundial e colaborar para que os(as) jogadores(as) conheçam, *batalhando*, a motivação, as causas e as consequências desse trágico acontecimento histórico.

Os(as) jogadores(as) conhecerão, por meio de uma das cartas *(a carta #1A1)*, o motivo (o estopim) do desencadeamento da Primeira Guerra Mundial – o assassinato do arquiduque Francisco Ferdinando, herdeiro do trono austro-húngaro, e de sua esposa, a arquiduquesa Sofia, em Saraievo, no dia 28 de junho de 1914-, e as causas, que, embora muito complexas, se concentraram nas disputas imperialistas, nos nacionalismos, nas alianças militares e na corrida armamentista dos grandes países envolvidos. Esses fatos, conceitos e procedimentos militares revelaram as relações de poder, as hierarquizações entre os países envolvidos e, também, as rupturas e mudanças ocorridas, provocadas por essa guerra e intensificadas *Entre Trincheiras*.

O grande segredo do jogo é instigar os(as) participantes a perceberem, por meio das simulações brincantes, o cenário de disputa da Primeira Guerra Mundial. Tal situação é orientada pelas denominadas *cartas Bomba*, que provocam o acirramento das duas equipes – a Tríplice Entente e a Tríplice Aliança (potências beliberantes). Assim sendo, os(as) participantes por meio das *coreografias* das cartas, vão reconstituindo os episódios dos ataques sangrentos durante as batalhas, sem, muitas vezes, perceberem o impacto da chacina vivida entre as trincheiras, que ceifou dez milhões de vidas humanas, e as consequências mundiais das escolhas feitas naquele momento.

As provocações simuladas pelo jogo reproduzem situações muito próximas aos objetivos, aos cenários e às trincheiras criados durante a Primeira Guerra Mundial. Os(as) jogadores(as) são convidados(as) a (re)viverem o conflito, tomando decisões similares, protagonizadas por eles, que devem atuar como se fossem os soldados e generais, à época. Assim sendo, como naquele momento de guerra, os(a) jogadores(as) são desafiados, por meio das *cartas Bomba,* a se manifestarem, batalhando ou recuando em suas trincheiras de guerra. Veja, como um exemplo, numa das *cartas bomba*, os desafios para os jogadores(as):

Carta #1A3
As batalhas se desenvolveram, principalmente, nas trincheiras. Os soldados ficavam, muitas vezes, centenas de dias entrincheirados, lutando pela conquista de pequenos pedaços de território. A fome e as doenças também eram os inimigos desses guerreiros. Nos combates, também houve a utilização de novas tecnologias bélicas, como, por exemplo, tanques de guerra e aviões. Enquanto os homens lutavam nas trincheiras, as mulheres trabalhavam nas indústrias bélicas, como empregadas" (PRIMEIRA..., 2009-2020).
As batalhas em trincheiras eram a maneira mais eficiente encontrada na época para proteção e manutenção dos territórios. No entanto, muitos morriam nesses conflitos, e pouca coisa poderia ser feita para evitar tantas mortes.
Pergunta para a equipe Aliança: Vocês teriam alguma solução para uma luta, imaginando o armamento e a tecnologia da época?

Durante do jogo, o papel do(a) docente e/ou mediador(a) é estimular os(as) jogadores(as), por meio das *cartas Professor(a),* a responderem às *cartas Bomba* por meio do seu "Sim" ou seu "Não". Desta forma, o(a) mediador(a) da partida terá uma ficha com a consequência de cada "Sim" ou "Não", selecionada pela equipe, que refletirá na organização do que fazer após a escolha de cada equipe. É por meio da resposta do(a) professor(a) que as jogadas se sucedem até chegar à carta denominada *O fim,* que deve ser lida ao final do jogo.

O jogo traz reflexões das escolhas baseadas na influência das grandes potências mundiais, à época, e suas de consequências para a humanidade – o avanço do capitalismo, do colonialismo, do patriarcado. Destaca-se também que os descompassos da Primeira Guerra Mundial foram a motivação para que, em 1939, uma nova guerra acontecesse.

Podem surgir questões entre os(as) jogadores(a), como, por exemplo, estas perguntas: como a Primeira Guerra pode servir de reflexão para os nossos dias atuais? De que forma conseguimos amenizar o potencial destrutivo ativo dentro de nós? Sugerimos que o(a) docente, considerando este jogo, busque novas propostas e inove o seu campo relacionado aos jogos. Também que crie e converse com os(as) estudantes, provocando-os(as) a elaborarem jogos sobre outros conhecimentos, outros contextos, tais como a Segunda Guerra Mundial, a Guerra Fria, a Guerra do Vietnã e outros conflitos regionais e internacionais.

Ao se implementar o uso do jogo como recurso didático, podem ser geradas novas formas de constituição da relação pedagógica docente/discente, novos conhecimentos, novas perguntas, novos incentivos tanto quanto à criatividade, como à imaginação na sala de aula. De modo geral, desejamos que a leitura e a proposta deste jogo ajudem o(a) professor(a) a replanejar a ação docente para buscar novos procedimentos de ensino/aprendizagem. Ao jogar, experimenta as regras, buscando compreendê-las, dando espaço para pausas, perguntas e questionamentos. Isso acontece porque o caminho do conhecimento alimentado pela pergunta pode muito bem alterar, para melhor, os percursos das aprendizagens.

Boa leitura e bom jogo!

1. Apresentação do jogo *Entre Trincheiras*: como jogá-lo?

Megulhar no jogo *Entre Trincheiras* é poder conhecer e experenciar fatos, ideias e concepções históricos de um dos mais dolorosos conflitos do mundo, acontecido há pouco mais de cem anos, por ocasião da Primeira Guerra Mundial.

O jogo tem uma estrutura em formato de tabuleiro com organização de tropas. Ele deve sempre ser jogado em grupo. Seja o grupo de 10, 20 ou 30 estudantes, não importa. A prática do jogo é coletiva e mistura temas da Primeira Guerra Mundial. Além disso, provocações de conflitos dos nossos atuais problemas éticos e sociais. É um mergulho ao passado e um reflexo sobre o presente. Ele é recomendado para ser jogado em qualquer espaço, pois tem a ver com história e a vida dos(as) participantes. Neste caderno, promovemos ideias de como trabalhar com ele e, sucessivamente, como podemos fazê-lo parte da realidade dos estudantes.

1.1 A intencionalidade das cartas

As cartas neste jogo têm uma dupla função: proporcionar estratégias para o cumprimento dos objetivos do jogo e promover o debate sobre tempos que se ligam entre o passado, o presente e o futuro. Nesse sentido, a unificação da construção de jogadas estratégicas, acompanhadas de uma organização de cartas 'intensivas', propõe relevantes reflexões sobre o jogo 'Entre Trincheiras'.

Isso traz para mais perto o conflito que provocou mais de dez milhões de vidas perdidas. Tal fato vai para dentro da sala de aula e pode haver o questionamento de quanto desse conflito ainda existe hoje e como podemos aprender com as relações com o passado. Esse jogo propõe uma aventura, por meio do poder das cartas.

1.2 As equipes: Aliança e Entente

O jogo propõe revisitar a batalha ocorrida entre as duas tríplices: a Entente e a Aliança. Os(as) jogadores(as) devem simular eventos da guerra e ser estimulados a pensar como farão escolhas entre recuar e atacar seu adversário. Durante o confronto, o próprio modelo da guerra é desenhado pelos fatos. Ademais, são questionadas com os(as) estudantes jogadores(as) a validade de cada movimento e a veracidade de cada fato ou ação.

1.3 Seguindo a trama da guerra

É importante lembrar ao professor que, durante os confrontos do jogo *Entre Trincheiras,* o resultado dos fatos históricos herdados da Primeira Guerra Mundial não perde seu valor em potencial. Em outras palavras, os fatos das batalhas ocorridas durante a Primeira Guerra têm seus efeitos e suas consequências.

Também essas mesmas consequências não podem ser alteradas no padrão do acontecer da guerra. Independentemente das ações feitas pelos(as) estudantes durante o jogo, o resultado da guerra será o mesmo. No entanto, o que está em jogo em suas escolhas é o potencial de alteridade e de frenagem, frente à morte coletiva de seus soldados em batalhas.

2. Conhecendo o tabuleiro do jogo *Entre Trincheiras*: perspectiva e finalidade

O tabuleiro (Fig. 28) tem uma perspectiva clássica: a ordem de jogadas ocorre de acordo com o pedido da *carta bomba*. Cada *carta bomba* tem um fato, uma escolha e uma consequência. Essa consequência gera uma ação no tabuleiro que os(as) os(as) jogadores(as) prontamente realizam. Desse modo, ao se encontrarem em meio a uma ação necessária, os(as) os(as) jogadores(as) se organizam em forma de ação para confrontos, montagens de tropas e ataques, segundo as consequências das escolhas pelas equipes.

2.1 Descrição e imagem do tabuleiro

Mapa da Europa separada pelos países antes do início da Primeira Guerra Mundial. Nomes dos países divididos em territórios e em cores

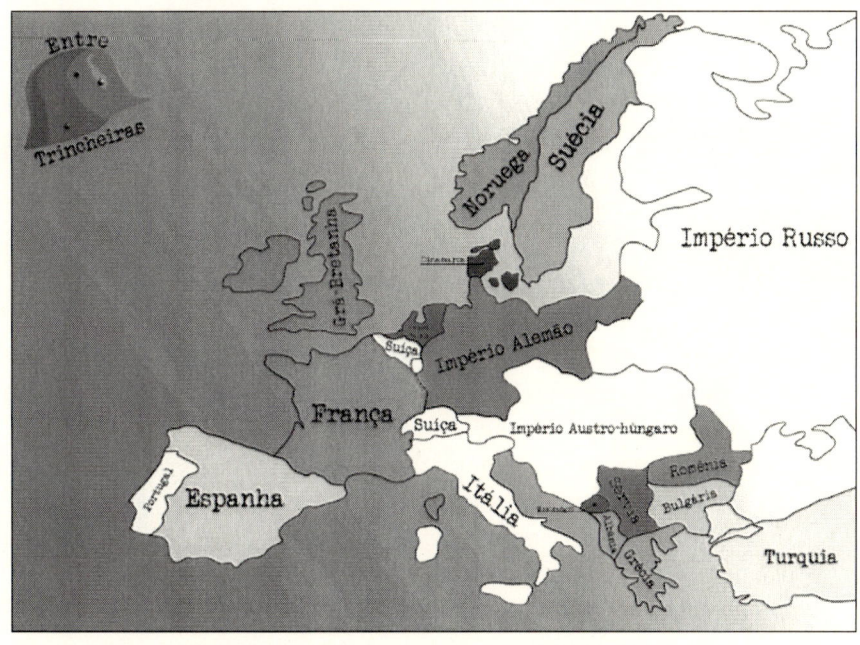

Figura 1 – Imagem do tabuleiro *Entre Trincheiras*

Fonte: Projeto de pesquisa O *Corpo Brincante* – FAPEMIG/UFOP (2017 – 2020).

2.2 Descrição física do jogo

O jogo é composto de:
01 (um) tabuleiro (1m x 0,8m);
02 (dois) dados de seis lados;
24 (vinte e quatro) *Cartas Bombas*; e
2 (duas) folhas A4 com as respostas da *Carta Mediadora*.

2.3 Público Alvo

Deve ser aplicado, preferencialmente, em salas de aula com estudantes do 7º ano do Ensino Fundamental e do 1º ano do Ensino Médio, por se tratar de conteúdos visitados no currículo nessas etapas do ensino escolar regular.

2.4 Jogabilidade – Disposições Gerais e as *Cartas Bomba*

- O jogo terá duas equipes no tabuleiro. Cada equipe pode ser composta de até 16 estudantes, totalizando 32 jogadores;
- Cada movimento dos jogadores é orientado por meio das cartas bomba;

- Portanto, cada equipe fará sua jogada segundo o movimento direcionado pelas cartas, também conforme sintetizado nos sete blocos de cartas descritos no item 3.2 e o detalhamento de cada carta no item 4 deste caderno;
- Cada equipe terá as regras explicitadas durante a partida. Elas serão submetidas à(ao) mediador(a).

2.5 Descrição processual do jogo em ação

- Os(as) jogadores(as) serão organizados(as) em duas equipes;
- O(a) mediador(a) explicará que uma das equipes lançará a primeira bomba;
- A equipe só poderá ler a carta que está ao lado do tabuleiro quando acertar a bomba dentro do tabuleiro;
- Após o lançamento, a equipe lerá a primeira carta (1A1 ou 1E1);
- Cada carta terá um questionamento que será lido pela equipe;
- Após ler e refletir sobre a carta, o(a) mediador(a) dará a resposta com sua consequência a tomar;
- O jogo terá seu final quando todas as cartas das duas equipes forem lidas e respondidas.

2.5.1 Primeira rodada

- Determina-se, aleatoriamente, a ordem de jogada de cada equipe;
- De acordo com os turnos, joga-se e faz-se a leitura da *carta bomba* para determinar o que será respondido; e
- Lançam-se as bombas.

2.5.2 Como batalhar

- Em alguns casos, acontecerão confrontos organizados por batalha entre equipes;
- Para iniciar o conflito, cada equipe terá o direito de lançar o dado em um número correspondente à quantidade de "Soldados" [participantes das equipes] posicionados para o conflito;

Por exemplo: na situação de batalha "I", em que a equipe que estiver defendendo terá em mãos três soldados e a outra equipe, dois soldados. Dessa forma, ao defender, terá o direito de lançar três vezes o dado.

2.5.3 Contabilização da batalha

- Cada lançamento gera um número que é multiplicado pelo número do soldado. Exemplo: Lança-se o primeiro dado, tira-se o número 4, só o soldado tem a marcação 3.
- Multiplica 4 x 3 = 12. Esse é o poder de ataque do primeiro soldado.
- A mesma coisa é feita para os outros dois soldados e para os outros dois soldados de ataque. Ao final, somam-se os resultados de todos os soldados (defesa) e é obtido um resultado. Exemplo: Soldado 1: 12; Soldado 2: 8; Soldado 3: 6; Total: 26; Por outro lado, os dois soldados(ataque) tem como resultado: Soldado 1: 9; Soldado 2: 14; Total: 23.

Assim sendo, os soldados de defesa ganharam dos soldados de ataque. Ademais, os soldados de ataque não têm sucesso em tomar o território e ainda perdem um dos soldados, saindo um do jogo. Dessa forma, aconteceria a mesma coisa caso fosse o ataque que ganhasse da defesa.

A única diferença é que o ataque, ganhando, toma o território onde foi atacar. Já no caso de a defesa ganhar, os soldados de ataque são enviados de volta para seu território.

3. As Cartas Bomba e as Cartas Professor(a)

Assim, o jogo tenta seguir uma linha cronológica dos fatos históricos, utilizando as cartas para um duplo desafio – atacar e lutar. As *cartas bomba* são provocantes. Durante cada leitura, os(as) jogadores(as), em suas equipes, se sentem obrigados a atacar, simulando um cenário de guerra.

3.1 Cartas Bomba

Todo o jogo se baseia nas *Cartas Bomba*. Enumerados por números e letras, os eventos da guerra assim como as possíveis escolhas e são decorrentes dessas cartas.

Separadas entre 1, 2, 3, 4 com as letras E e A, os eventos são colocados para os(as) jogadores(es), conforme lançam bombas no tabuleiro e, em ordem de numeração, fazem a leitura das questões.

3.2 Cartas Professor(a)

Como toda carta pede uma ação dos(as) jogadores(as), eles são estimulados(as) pelo(a) professor(a) mediador(a) e devem responder às demandas com seu "Sim" ou seu "Não". Sendo assim, desencadeiam uma consequência do jogo. Dessa forma, o(a) mediador(a) da partida terá uma ficha com a consequência de cada "Sim" ou "Não", selecionado pela equipe e seu reflexo, no que condiz à organização do que fazer após a escolha. Dessa forma, é por meio da resposta do(a) professor(a) que as jogadas se sucedem. Vejamos a seguir a sequência dos blocos de cartas que darão dinamicidade ao jogo.

Bloco 1 – Carta Bomba – Tríplice Aliança
#1A1 – Contexto histórico
#1A1 Parte do professor – provocar as equipes para tomar decisões
#1A2 Contexto histórico
#1A2 Parte do professor – provocar as equipes para tomar decisões
#1A3 Contexto histórico
#1A3 – Parte do professor – provocar as equipes para tomar decisões

Bloco 1 – Carta Bomba – Tríplice Entente
#1E1 Contexto histórico
#1E1 Parte do professor – provocar as equipes para tomar decisões
#1E2 Contexto histórico
#1E2 Parte do professor – provocar as equipes para tomar decisões
#1E3 Contexto histórico
#1E3 – Parte do professor – provocar as equipes para tomar decisões

Bloco 2 – Carta Bomba – Tríplice Aliança
#2A1 – Contexto histórico
#2A1 Parte do professor – provocar as equipes para tomar decisões
#2A2 Contexto histórico
#2A2 Parte do professor – provocar as equipes para tomar decisões
#2A3 Contexto histórico
#2A3 – Parte do professor – provocar as equipes para tomar decisões

Bloco 2 – Carta Bomba – Tríplice Entente
#2E1 – Contexto histórico
#2E1 Parte do professor – provocar as equipes para tomar decisões
#2E2 Contexto histórico
#2E2 Parte do professor – provocar as equipes para tomar decisões
#3E3 Contexto histórico
#3E3 – Parte do professor – provocar as equipes para tomar decisões

Bloco 3 – Carta Bomba – Tríplice Aliança
#3A1 – Contexto histórico
#3A1 Parte do professor – provocar as equipes para tomar decisões

#3A2 Contexto histórico
#3A2 Parte do professor – provocar as equipes para tomar decisões
#3A3 Contexto histórico
#3A3 – Parte do professor – provocar as equipes para tomar decisões

Bloco 3 – Carta Bomba – Tríplice Entente
#3E11 – Contexto histórico
#3E1 Parte do professor – provocar as equipes para tomar decisões
#3E2 Contexto histórico
#3E2 Parte do professor – provocar as equipes para tomar decisões
#3E3 Contexto histórico
#3E3 – Parte do professor – provocar as equipes para tomar decisões

Bloco 4 – Carta Bomba – Tríplice Aliança
#4A1 – Contexto histórico
#4A1 Parte do professor – provocar as equipes para tomar decisões
#4A2 Contexto histórico
#4A3 Contexto histórico

Bloco 4 – Carta Bomba – Tríplice Entente
#4E1 – Contexto histórico
#4E1 Parte do professor – provocar as equipes para tomar decisões
#4E2 Contexto histórico
#4E3 Contexto histórico

4. Descrição das Cartas Bomba

Esse conjunto de cartas que organiza o jogo corresponde às etapas de guerra, de maneira fragmentada, que são expostas ao estudante. Desta maneira, o objetivo das cartas é provocar ações históricas ocorridas durante a Primeira Guerra Mundial e dar a eles a possibilidade de refletir. Assim como já explicado, os estudantes retiram de maneira sequencial as cartas segundo suas equipes.

- Equipe aliança 1A1; 1A2; 1A3; 2A1; 2A2; 2A3 ...
- Equipe Entente 1E1; 1E2; 1E3; 2E1; 2E2; 2E3...

O grande processo embutido neste contexto é provocar a reflexão das escolhas organizadas pelos mentores da guerra e verificar a capacidade de alteridade ou a busca pela vitória. Portanto, as cartas divididas entre fatos históricos usam o recurso histórico para explicar os movimentos e provocam uma questão. Sua resposta, que se encontra endereçada à carta do professor, vincula a consequência sofrida pela decisão, embaraçando e remontando o conflito.

Carta #1A1

"O assassinato do arquiduque Francisco Ferdinando, herdeiro do trono austro-húngaro, e de sua esposa, a arquiduquesa Sofia, em Saraievo, no dia 28 de junho de 1914, desencadeou as hostilidades que começaram em agosto de 1914 e se prolongaram por várias frentes durante os quatro anos seguintes. A Alemanha se uniu ao processo de guerra em conjunto com o Império Austro-Húngaro. Entre os motivos da deflagração da grande guerra citados acima, está a morte do herdeiro do trono austro-húngaro. No entanto, diversos outros conflitos já batiam às portas da Europa antes disso, como a rivalidade entre Alemanha e França, processos do século XIX como a perda do espaço Africano e Asiático da Alemanha e da Itália também levaram à Grande Guerra" (CORTI, 2012, p. 3).

Referência

CORTI, Ana Paula. **Primeira Guerra Mundial**: Estopim foi assassinato de arquiduque. *UOL Educação*, Pedagogia e Comunicação. São Paulo, 25 jul. 2012. Disponível em: https://educacao.uol.com.br/disciplinas/historia/primeira-guerra-mundial-estopim-foi-assassinato-de-arquiduque.htm?cmpid=copiaecola. Acesso em: 24 nov. 2017.

Em sua opinião, o conflito foi válido? Por quê?

Carta #1A1 – Parte do Professor

Se a resposta "foi válido", inicie a guerra e coloque os dois soldados em cima do império alemão.

Se resposta foi "não deveria ter acontecido por esses motivos", jogue mais uma vez outra bomba.

Carta #1A2

"O Pangermanismo e o Pan-Eslavismo também influenciaram e aumentaram o estado de alerta na Europa. Havia uma forte vontade nacionalista dos germânicos em unir, em apenas uma nação, todos os países de origem germânica. O mesmo acontecia com os países eslavos" (PRIMEIRA..., 2009-2020).

Referência

PRIMEIRA Guerra Mundial em Só História. **Virtuous**: Tecnologia da Informação, 2009-2020. Disponível em: http://www.sohistoria.com.br/ef2/primeiraguerra/.

Esses movimentos liderados pelos eslavos e alemães eram uma tentativa de recuperar terras e potências perdidas ao longo do século XIX, depois da constituição do império alemão. O Grupo da Tríplice Aliança foi formado em 1882, quase quarenta anos antes do conflito. Isso significa que a grande guerra não era motivada pela união. Diversos problemas já aconteciam na Europa antes da guerra.

Mesmo sabendo que você havia sido deixado de fora da conquista da África e da Ásia, também formaria um grupo de alianças para atacar a França ou a Inglaterra, por exemplo, caso fosse necessário?

Carta #1A2 Parte do(a) Professor(a):

Se sim, coloque dois soldados na Itália, dois no Império Alemão e um no Império Austro-Húngaro.

Se não, a Tríplice Entente jogará duas vezes.

Carta #1A3

"As batalhas foram travadas principalmente em trincheiras. Os soldados ficavam, muitas vezes, centenas de dias entrincheirados, lutando pela conquista de pequenos pedaços de território. A fome e as doenças também eram os inimigos desses guerreiros. Nos combates também houve a utilização de novas tecnologias bélicas, como, por exemplo, tanques de guerra e aviões. Enquanto os homens lutavam nas trincheiras, as mulheres trabalhavam nas indústrias bélicas como empregadas" (PRIMEIRA..., 2009-2020).

Referência

Primeira Guerra Mundial em Só História. **Virtuous**: Tecnologia da Informação, 2009-2020. Disponível na Internet em http://www.sohistoria.com.br/ef2/primeiraguerra/.

As batalhas em trincheiras eram o modo mais eficiente encontrado na época para proteção e manutenção dos territórios. No entanto, muitos morriam nesses conflitos e pouco coisa podia ser feita para evitar tantas mortes.

Equipe Aliança: Vocês teriam alguma solução para uma luta, imaginando o armamento e a tecnologia da época?

Carta #1A3 – Parte do(a) Professor(a)

Se a equipe responder corretamente a uma estratégia diferente, coloque dois soldados no império austro-húngaro e jogue mais uma vez.

Se não der nenhuma estratégia, apenas passe a vez para outra equipe.

Carta #1E1

"No final do século XIX, a antiga hegemonia industrial inglesa começou a ser ameaçada. Os alemães conseguiram em um curto período de tempo formar um parque industrial que começou a superar a tradicional solidez industrial britânica. Sentindo-se ameaçados, os britânicos saíram de seu isolamento político-geográfico para firmar acordos com a França. Após resolverem suas contendas, França e Inglaterra assinaram a Entente Cordial em 1904" (SOUSA, 2020).

Referência

SOUSA, Rainer Gonçalves. Antecedentes da Primeira Guerra Mundial. **Brasil Escola**. Disponível em: https://brasilescola.uol.com.br/guerras/antecedentes-primeira-guerra-mundial.ht. Acesso em: 15 jun. 2020.

A Tríplice Entente também é uma formação antecessora à Primeira Guerra Mundial. O motivo citado para a união entre Inglaterra e França estava no âmbito de negócios relacionados à indústria e ao comércio.

Equipe Entente: sentindo que poderia perder mercado e isso pudesse ser o fim de suas riquezas, você entraria na Primeira Guerra Mundial?

Carta #1E1 Parte do Professor

Se sim, coloque quatro soldados no Império Russo.
Se não, passe a vez para o adversário.

Carta #1E2

"O capitalismo concorrencial do século XIX motivou o conflito entre diversas potências europeias. O interesse em ampliar mercados e o domínio sobre regiões de interesse imperialista fizeram com que a Europa se transformasse em um verdadeiro barril de pólvora. A França desejava reconquistar a região da Alsácia-Lorena perdida para a Alemanha na Guerra Franco-Prussiana de 1870" (SOUSA, 2020).

Referência

SOUSA, Rainer Gonçalves. Antecedentes da Primeira Guerra Mundial. **Brasil Escola**. Disponível em: https://brasilescola.uol.com.br/guerras/antecedentes-primeira-guerra-mundial.ht. Acesso em: 15 jun. 2020.

Essa região tomada pelo Império Alemão interessava diretamente à França pela sua alta produção de ferro e outros minérios, essenciais para a confecção de máquinas e materiais de construção. Isso geraria um desconforto para os ingleses.

Equipe Tríplice Entente: Vocês assumiriam o custo das mortes e de todo o conflito se soubessem que poderiam vencer com facilidade e, com isso, conquistar todas as riquezas da Europa?

Carta #1E2 Parte do Professor

Se sim, posicione seus exércitos para o início do conflito. Coloque três soldados na Inglaterra e dois na França.

Se não, jogue mais uma vez e coloque somente um soldado na França.

Carta #1E3

"O entusiasmo inicial de todos os contendores, acreditando que haveria uma vitória rápida e decisiva, desapareceu quando a guerra começou a se arrastar. A guerra era marcada por infindáveis batalhas com grandes perdas humanas e materiais. Os terríveis combates ocorriam nas trincheiras, particularmente na linha da frente ocidental da guerra" (A PRIMEIRA..., 2020).

Referência

A PRIMEIRA guerra mundial. **Enciclopédia do Holocausto**. Disponível em: https://encyclopedia.ushmm.org/content/pt-br/article/world-war-i. Acesso em: 24 nov. 2017

O conflito parece que começa a tomar um campo bem sangrento. O início da guerra é um quadro avassalador. Mesmo assim, você deseja entrar no conflito, sabendo que tem uma grande chance de vitória? Isso pode mudar a História da Europa.

Carta #1E3 Parte do Professor

Se sim, vamos à guerra! Coloque dois soldados na França e mais quatro na Inglaterra

Se não, passe a vez para o adversário, mas na próxima rodada não poderão ser colocados soldados por ele.

Carta #2A1

"Os alemães deram o primeiro passo, atacaram a França, invadiram a Bélgica e logo se voltaram contra os russos, após a rendição francesa. O governo francês saiu de Paris e foi para Bordeaux e, logo depois, em outra batalha, os franceses contiveram os alemães, que recuaram" (I GUERRA..., 2020).

Referência

I GUERRA Mundial. **Portal do Professor**. Disponível em: https://guerras-portalprofessor.wordpress.com/grandes-guerras/i-guerra-mundial/. Acesso em: 22 mar. 2018

Quando este primeiro ataque aconteceu, a Inglaterra entra em apoio à França contra o ataque alemão. Isso geraria o primeiro confronto da Grande Guerra.

Equipe Tríplice Aliança: Posicione seus homens, pois a Guerra vai começar. Vocês irão invadir a Bélgica? Ou irão correr do conflito e deixar que a França e a Inglaterra esmaguem vocês com extrema facilidade?

Carta #2A1 Parte do Professor

Vamos ao conflito! Coloque dois soldados no Império Alemão e ataque com até quatro soldados a Bélgica.

Se não atacar, ficará uma rodada sem jogar e a França ganhará dois soldados.

Carta #2A2 A

"Em 23 de maio de 1915, a Itália rompeu com a Alemanha e entrou na guerra ao lado da França e da Inglaterra" (A PRIMEIRA..., 2020).

Referência

A PRIMEIRA Guerra Mundial (1914 – 1918). **Tocolando.blogspot.com.** Disponível em: http://conflitosmundiaistocolando.blogspot.com.br/2010/05/primeira-guerra-mundial-1914-1918.html. Acesso em: 25 nov. 2017.

Essa traição da Itália enfraqueceu o poder da Tríplice Aliança. A Itália trocou de lado por que não concordar com a Aliança contra o Império Austro-Húngaro e não iria lutar contra a Inglaterra. Isso gerou um desconforto. Você acha que a escolha da Itália foi certa? Por quê?

Carta #2A2 Parte do Professor

Se sim, você não poderá colocar soldados na próxima rodada.
Se não, você colocará dois soldados em um território da Tríplice Aliança.

Carta #2A3

"Guerra de Trincheiras: consistia na construção de trincheiras pelos alemães em solo francês. Nesse momento, foram introduzidas novas armas como as metralhadoras, os gases e os tanques" (PRIMEIRA..., 2020).

Referência

PRIMEIRA Guerra Mundial. **InfoEscola**. Disponível em: http://www.infoescola.com/historia/primeira-guerra-mundial/. Acesso em: 22 mar. 2018.

Esse método de batalha fez com que a Aliança resistisse à guerra e pudesse estar mais próxima dos inimigos. No entanto, o novo armamento geraria confiança para um ataque à França. Você gostaria de investir nessa tática de luta e seguir na produção de Trincheiras?

Carta #2A3 Parte do professor

Se sim, coloque um soldado dentro da França com o ataque dobrado.
Se não, passe a vez e perca um soldado no Império Alemão.

Carta #2E1

"Liderados por Von Moltke, os alemães lançaram parte das tropas contra a França. Tendo artilharia pesada e 78 divisões, os alemães invadiram a

Bélgica, saíram vitoriosos sob os franceses na fronteira e partiram em direção à Paris. Com isso, os franceses transferiram seu governo para Bordeaux e, na batalha do Marne, o general Joffre conteve os alemães, que recuaram. Porém, na frente oriental, o exército alemão obtinha sucessivas vitórias contra os russos" (PRIMEIRA..., 2020).

Referência

PRIMEIRA Guerra Mundial. **Brasil Escola.** Disponível em: http://meuartigo.brasilescola.com/historia-geral/primeira-guerra-mundial.htm. Acesso em: 22 mar. 2018.

Esse conflito marcaria uma guerra de forma declarada. Agora é a sua vez.
Equipe Entente: Você vai responder ao ataque? Saiba que eles querem eliminar vocês.

Carta #2E1 Parte do professor

Se sim, a Aliança tem uma guerra declarada e a França vai revidar, coloque dois soldados na França e um na Rússia.
Se não, jogue mais uma vez e coloque um soldado alemão no seu território com força dobrada.

Carta #2E2

"Os alemães deram o primeiro passo, atacaram a Franca, invadindo a Bélgica e logo se voltaram contra os russos, após a rendição francesa. O governo francês saiu de Paris e foi para Bourdeaux e, logo depois, em outra batalha, contiveram os alemães que recuaram" (I GUERRA..., 2020).

Referência

I GUERRA Mundial. **Portal do Professor**. Disponível em: https://guerrasportalprofessor.wordpress.com/grandes-guerras/i-guerra-mundial/. Acesso em: 22 mar. 2018

O governo francês saiu de Paris e foi para Bordeaux e, logo depois, em outra batalha, os alemães foram contidos e recuaram.
Este conflito foi marcado em um processo de equilíbrio entre 1915 e 1916. O procedimento era atacar o Império Alemão para evitar mais destruição e a entrada em Paris ou Bordeaux.

Equipe Entente: Ao ver isso, vocês continuaram atacando o exército alemão para conter os ataques? Os alemães querem destruir toda a honra da França.

Carta #2E2 Parte do Professor.

Se sim, coloque um soldado francês com o dobro do ataque no território alemão e ataque os alemães na Bélgica. O ataque de um soldado seu vale o dobro nesta rodada.
Se não, o Império Alemão entrará com dois soldados na Inglaterra com a metade força de ataque e atacará a Inglaterra.

Carta #2E3

"Em 1915, os italianos entraram na guerra junto aos aliados, com a promessa de que receberiam parte das colônias alemãs" (PRIMEIRA..., 2020).

Referência

Primeira Guerra Mundial. **Brasil Escola**. Disponível em: http://meuartigo.brasilescola.com/historia-geral/primeira-guerra-mundial-2.htm. Acesso em: 22 mar. 2018.

Essa entrada dos italianos mesmo contra a vontade de população vem de um acordo muito antigo, que, porém, é traído, e a Itália entra para a equipe da Entente. Você concorda com a posição da Itália em estar ao seu lado?

Carta #2E3 Parte do Professor

Se sim, coloque dois soldados na Itália e um na França
Se não, passe a vez.

Carta #3A1

"Saída da Rússia – Com o triunfo da Revolução Russa de 1917, na qual os bolcheviques estabeleceram-se no poder, foi assinado um acordo com a Alemanha para oficializar sua retirada do grande conflito. Este acordo chamou-se Tratado de Brest-Litovsk, que impôs duras condições para a Rússia."
(A PRIMEIRA..., 2020).

Referência

A PRIMEIRA Guerra Mundial 1914 – 1918. **Mundo Vestibular**. Disponível em: https://www.mundovestibular.com.br/estudos/historia/a-primeira-guerra--mundial-1914-1918 – resumo. Acesso em: 28 mar. 2018.

O momento é de comemoração para a Aliança. Com a saída da Rússia, a Entente se vê sem uma grande arma nacional. Essa é a hora do ataque! Algumas mercadorias estão chegando ao cais da Inglaterra para o abastecimento. Os ingleses estão sem proteção e você poderá entrar em território inimigo. Você vai atacar os navios ou recua?

Carta #3A1 Parte do professor

Se sim, você agora pode colocar um soldado em território da Inglaterra, e a França perde um soldado. Porém o ataque foi em um barco dos Estados Unidos, o que pode gerar algum problema em breve.

Se não, perca um soldado do Império Alemão.

Carta #3A2

"Participação do Brasil – Os alemães, diante da superioridade naval da Inglaterra, resolveram empreender uma guerra submarina sem restrições. Na noite de 3 de abril de 1917, o navio brasileiro "Paraná" foi atacado pelos submarinos alemães perto de Barfleur, na França. O Brasil, presidido por Wenceslau Brás, rompeu as relações com Berlim e revogou sua neutralidade na guerra. Novos navios brasileiros foram afundados. No dia 25 de outubro, quando recebeu a noticia do afundamento do navio "Macau", o Brasil declarou guerra à Alemanha. Enviou auxilio à esquadra inglesa no policiamento do Atlântico e uma missão médica" (A PRIMEIRA..., 2020).

Referência

A Primeira Guerra Mundial 1914 – 1918. **Mundo Vestibular.** Disponível em: https://www.mundovestibular.com.br/estudos/historia/a-primeira-guerra-mundial-1914-1918-resumo. Acesso em: 28 mar. 2018.

O Brasil entrou na guerra! Mas tudo bem, os alemães são superfortes na condição marítima. Essa é a hora de atacar mais navios dos ingleses. Você está pronto para o combate ou não irá atacar?

Carta #3A2 Parte do Professor

Se atacar, faça uma batalha entre Inglaterra e Alemanha, usando até dois soldados de sua escolha. A Tríplice Entente vencedora ganha mais um soldado e retira um soldado do adversário de qualquer território.
Se não atacar, a tríplice Entente joga duas vezes.

Carta #3A3

"Além do poder das armas, a própria trincheira era outra inimiga para os soldados, que se amotinavam naquele espaço insalubre. Os mortos que se acumulavam nas trincheiras eram um grande chamariz para os ratos, que se alimentavam da carne pútrida dos corpos. Entre as doenças usualmente contraídas nas trincheiras, destacavam-se a "febre das trincheiras", reconhecida por fortes dores no corpo e febre alta, e o "pé de trincheira", uma espécie de micose que poderia resultar em gangrena e amputação" (SOUSA, 2020).

Referência

SOUSA, Rainer Gonçalves. A vida nas trincheiras. **Brasil Escola**. Disponível em: https://brasilescola.uol.com.br/historiag/a-vida-nas-trincheiras.htm. Acesso em: 22 mar. 2018.

A luta em trincheiras é um processo doloroso, porém necessário para a luta contra a invasão de territórios. A Tríplice Aliança investiu muito na construção de trincheiras, porém os problemas estavam aumentando cada vez mais em relação à falta de higiene. O que você vai fazer? Continuar nas trincheiras ou abandonar algumas delas?

Carta #3A3 Parte do Professor

Se continuar nas trincheiras, muitos soldados morrerão, mas seu território estará seguro. Retire dois soldados do Império Alemão e coloque um dentro do Império Austro-Húngaro.
Se abandonar, sofrerá um ataque da França, podendo usar até dois soldados. O perdedor terá que retirar um soldado de seu território.

Carta #3E1

Os norte-americanos tinham muitos investimentos antes guerra com seus amigos aliados (Inglaterra e França). Era preciso garantir o recebimento de tais investimentos. Utilizou-se como pretexto o afundamento do navio Lusitânia, que conduzia passageiros norte-americanos.

O ataque feito pelos alemães resultou na entrada dos Estados Unidos na guerra. O poder da Entente triplicou. França, Inglaterra e Itália receberam três soldados cada. Agora você pretende fazer um ataque ao Império Alemão? Sim ou Não?

#3E1 Parte do Professor

Se sim, ataque o Império Alemão e o Império Austro-Húngaro. Cada equipe poderá utilizar três soldados para a batalha, e o poder dos soldados da Inglaterra neste confronto aumenta dois pontos a mais no total da batalha.

Se não, coloque mais um soldado em qualquer região da Tríplice Aliança, valendo o dobro dos pontos.

Carta #3E2

"A saída da Rússia ocasionou o deslocamento de tropas alemãs para o ocidente com o objetivo de enfrentar os EUA e a aliança anglo-francesa. Nesse momento foram iniciadas as derrotas dos países próximos à Tríplice Aliança, o que foi agravado por problemas internos do Império Alemão, como rebeliões operárias e de soldados nas principais cidades, com a formação dos conselhos operários e greves, em um processo conhecido como Revolução Alemã de 1917-1918, o que acabou resultando na eclosão de um conflito social que enfraqueceu internamente o país" (PINTO, 2020).

Referência

PINTO, Tales. **Primeira Guerra Mundial (1914-1918)**. Escola Kids. Disponível em: http://www.escolakids.com/a-i-guerra-mundial-1914-1918.htm. Acesso em: 22 mar. 2018.

Os Estados Unidos esmagaram o poder alemão que estava se sentindo pressionado em 1917. A retirada de tropas do oriente concentrou a batalha na fronteira com a França. Com os Estados Unidos na guerra, a França ganha mais dois soldados e a Alemanha mais um soldado. Porém, com as greves, a Alemanha se sente forçada a atacar para tentar a vitória. Hora da grande batalha! A Tríplice Entente tem chances reais de vencer, vocês vão atacar ou recuar?

Carta #3E2 Parte do Professor

Se atacar, escolha cinco soldados para a luta. Cada soldado francês dobra o ataque nesta rodada. O perdedor do conflito perde três soldados.

Se não atacar, a França recebe mais quatro soldados e na próxima rodada da Entente tem o dobro do ataque.

Carta #3E3

"Iscas nos mares – Em fevereiro, os U-boats alemães puseram a fundo 520.412 toneladas brutas de suprimentos; em março, o número subiu para 564.497; e, agora, em abril, até o fechamento desta edição, foi registrado o afundamento de nada menos que 860.333 toneladas – quase 50% a mais do que a meta inicial de 600.000. Se continuar nessa toada, a Grã-Bretanha pode capitular antes mesmo da chegada do reforço dos Estados Unidos. A questão aterroriza o almirantado, que busca soluções para evitar o desastre. Armar os navios mercantes, como já está sendo feito faz tempo, é inútil, já que os U-boats, atacando submersos, só são vistos depois de já terem feito o estrago. A aplicação de navios-isca (os chamados "Q") também não surtiu o efeito esperado. A última alternativa é a navegação em comboio com escolta, mas o Almirantado, até agora, resistia à prática, por achar que os navios ficam ainda mais expostos. Sem outra opção, porém, o comando naval autorizou a partida do primeiro comboio no final do mês" (FALAR DE HISTÓRIA, 2012).

Referência

Falar de História. **I Grande Guerra 1914**. 2012. Disponível em: https://falar-de-historia.webnode.com/. Acesso em: 22 mar. 2018.

O conflito parecia acirrado e os alemães estavam acabando com os suprimentos americanos, com isso uma política de escolha e de recrutamento de milhares de soldados americanos foi necessário para um ataque em massa. Depois de alguns meses, os americanos chegam e estão prontos para eliminar os alemães. Você também está pronto? Irá atacar as bases alemãs? Sim ou não?

Carta #3E3 Parte do Professor

Se atacar, você terá mais quatro soldados na França e cinco na Inglaterra. Cada um poderá atacar com, no máximo, oito soldados. O que perder terá que se defender nas próximas duas rodadas, não tendo o direito de atacar.

Se não atacar, o Império Alemão colocará um soldado na França.

Carta #4A1

"A Bulgária e a Áustria se retiraram do conflito e a Turquia se rendeu. A Alemanha resistiu sozinha, mas a falta de alimentos causada pelo bloqueio aliado e a precária saúde da população colocaram o país à beira de uma revolução social. A Baviera se proclamou república e a sublevação se alastrou por todo o país, até ser anunciada a abdicação do *kaiser*, exigida pelos EUA" (HALÁSZ, 2020).

Referência

HALÁSZ, Gábor (rw). 1917: EUA rompiam com a Alemanha. Notícias. Calendário Histórico. **Deutsche Welle (DW**). Disponível em: http://www.dw. de/1917-eua-rompem-com-a-alemanha/a-299036. Acesso em: 29 mar. 2018.

Parece que a Tríplice Aliança não consegue mais continuar, pois o Império Alemão está sozinho.
É hora de entregar as armas. Império Alemão, vocês irão desistir, pois estão cercados?

Carta #4A1 Parte do Professor

Ao se render, tire todo o seu exército e jogue as duas últimas bombas para ver o desfecho da guerra por parte da Aliança.
Se não se render, lute contra os soldados que estão na França, todos eles terão o ataque X3. Caso perca, jogue as duas últimas bombas para ver o desfecho da guerra.

Carta #4A2

"[...] guerra trouxe inúmeras consequências, entre elas: centenas de Famílias destruídas e crianças órfãs (cerca de 10 milhões de mortos); os EUA vieram a se tornar o país mais rico do mundo; fragmentação do império Austro-Húngaro; surgimento de alguns países (Iugoslávia) e desaparecimento de outros; divisão do império turco após 200 anos de decadência; aumento do desemprego na Europa" (PRIMEIRA..., 2020).

Referência

Primeira Guerra Mundial – Resumo. Estudo Prático. Disponível em: http://www.estudopratico.com.br/primeira-guerra-mundial-resumo/. Acesso em: 29 mar. 2018.

Essa investida dos Estados Unidos rendeu a ele o título de potência mundial. O valor investido na guerra gerou lucros gigantescos ao país. Como estamos desarmados, o que resta é compreender um pouco mais sobre as consequências para o Império Alemão. Jogue sua última bomba.

Carta #4A3

Na Alemanha, onde as mais pesadas sanções do Tratado de Versalhes foram estabelecidas, a economia viveu em franca decadência e os índices inflacionários alcançaram valores exorbitantes. Esse contexto de declínio e degradação acabou criando chances para que Itália e Alemanha fossem dominadas por regimes marcados pelo nacionalismo extremo e por uma franca expansão militar.

Para finalizar o jogo, depois que a última bomba for lançada pelos países componentes da Entente e da Aliança, leia a carta sobre o fim.

Carta #4E1

"No ano de 1917, os Estados Unidos decidiram entrar na guerra. Eles se posicionaram ao lado da Tríplice Entente, já que tinham acordos comerciais milionários envolvidos com países como Inglaterra e França. Esta união foi crucial para a vitória da Entente, o que acabou forçando os países derrotados a assinar a rendição" (PRIMEIRA..., 2020).

Referência

Primeira Guerra Mundial – Resumo. **Estudo Prático**. Disponível em: http://www.estudopratico.com.br/primeira-guerra-mundial-resumo/. Acesso em: 29 de mar. 2018.

A entrada dos Estados Unidos foi como uma bomba para o Império Alemão, que, mesmo após diversas tentativas, não conseguia vencer o poder americano.

A ordem é atacar, vamos à luta?

Carta #4E1 – Parte do Professor

Se escolher lutar, coloque até oito soldados para a luta. Cada soldado da Entente terá o triplo da força para o ataque.

Se não atacar, jogará mais uma vez.

Carta #4E2

"A partir de então, foi assinado o Tratado de Versalhes, que impôs aos derrotados fortes restrições, fazendo com que, por exemplo, a Alemanha reduzisse seu exército, fosse mantido um controle sobre a indústria bélica do país, feita a devolução da região Alsácia-Lorena à França, além de ter que pagar os prejuízos da guerra aos países vencedores" (PRIMEIRA..., 2020).

Referência

PRIMEIRA Guerra Mundial – Resumo. **Estudo Prático**. Disponível em: http://www.estudopratico.com.br/primeira-guerra-mundial-resumo/. Acesso em: 29 mar. 2018.

É o fim da guerra, e o pouco que se pode fazer é se entregar. A Entente assume a força e o comando da guerra, resta à Aliança se entregar. Para encerrar, jogue mais uma vez.

Carta #4E3

"Em novembro de 1918, ocorreu o fim da guerra com a fuga do Kaiser Guilherme II da Alemanha para a Holanda. O novo governo ocupou o poder e assinou o armistício em Compiègne, pondo fim à Primeira Guerra Mundial, que resultou em dez milhões de mortos. Mas o Tratado de Versalhes, que ficou responsável por impor as condições do fim do conflito, criou mais problemas, o que levou os mesmos países a entrar novamente em conflito, iniciando a Segunda Guerra Mundial" (PINTO, 2020).

Referência

PINTO, Tales. Primeira Guerra Mundial (1914-1918). **Escola Kids.** Disponível em: http://www.escolakids.com/a-i-guerra-mundial-1914-1918.htm. Acesso em: 22 mar. 2018.

Agora que é o fim. Peça à Aliança para ler a carta: O FIM

4.1 Carta "O fim?"

O conflito constante entre seres humanos, no mundo, parece um caminho inevitável e, lamentavelmente, a guerra nem sempre representa o fim desses conflitos. No caso da Primeira Guerra Mundial, uma das consequências foi o desencadeamento da Segunda Guerra Mundial, na qual novas bandeiras foram alçadas, hinos foram criados, e a conquista de novos territórios representa algumas da várias das razões para novamente guerrear. Mas o que nos leva à guerra? Será que vivemos em conflito porque acreditamos que seja esse o caminho ou porque não tentamos encontrar nenhuma outra solução? E haveria outra solução? Qual seria tal solução e como poderíamos achar uma alternativa à guerra? E se os seres humanos que provocam tais guerras se perguntassem: vamos pagar o preço de ter milhões de vidas ceifadas para garantirmos nossos domínios sobre territórios e pessoas? A primeira e mais dolorosa consequência da Primeira Guerra foram as perdas humanas, com aproximadamente 10 milhões de mortos (1,9 milhões na Alemanha, 1,7 milhões na Rússia, 1,4 milhões na França, 1 milhão na Áustria-Hungria e 760 mil na Inglaterra), 20 milhões de feridos e 6 milhões de inválidos[4]. Já pensarmos nos sofrimentos humanos gerados por esse conflito? Quantas gerações tiveram que conviver com a dor dessas perdas? Quais foram as outras consequências dessa guerra do ponto de vista social, político e econômico?

Lembramos que o jogo *Entre Trincheiras* vivido simula a Primeira Guerra Mundial, e colabora para apresentar parte dos fatos e os contextos que, historicamente, ficaram registrados com a Guerra de Trincheiras, lugar onde ocorreu uma total degradação humana, conforme destacado por Eric Hobsbawm:

> milhões de homens ficavam uns diante dos outros nos parapeitos de trincheiras barricadas com sacos de areia, sob as quais viviam como – e com – ratos e piolhos. De vez em quando, seus generais procuravam romper o impasse. Dias e mesmo semanas de incessante bombardeio de artilharia [...] "amaciavam" o inimigo e o mandavam para baixo da terra, até que no momento certo, levas de homens saíam por cima do parapeito, geralmente protegido por rolos e teias de arame farpado, para a "terra de ninguém", um caos de crateras de granadas inundadas de água, tocos de árvore calcinadas, lama e cadáveres abandonados, e avançavam sobre as metralhadoras, que os ceifavam, como eles sabiam que aconteceria (1995, p. 33).

Eric Hobsbawm, autor de "Era dos Extremos: o breve século XX 1914-1991", relata nesta obra, como no excerto acima, os horrores da Primeira Guerra Mundial. Ao lermos sobre seus cruéis resultados, sentimos até um mal-estar, não é verdade? Quais as outras lições que essa guerra pode ter deixado? Teriam as autoridades aprendido com tais sofrimentos? O jogo nos permitiu experimentar episódios deste período histórico e simular situações e decisões etc. pertinentes a essa Grande Guerra. Esse processo nos permite

---

4   Consequências da Primeira Guerra Mundial. **Infopédia**. Disponíveis em: https://www.infopedia.pt/$consequencias-da-primeira-guerra-mundial. Acesso em: 22 mar. 2019.

perceber que a História é cíclica, e fatores, como a luta por poder e territórios, estão sempre reaparecendo, noutros períodos, por outros motivos. E, nós, como analisamos tal período e as escolhas humanas feitas naquele momento? Qual lição o cenário da Primeira Guerra Mundial pode ensinar?

A rivalidade econômica, ressentimentos por acontecimentos passados e questões nacionalistas estão entre as causas do início da Primeira Guerra Mundial. Esses conflitos foram resolvidos com fim desta guerra? Como ficou a situação econômica da Alemanha e dos outros países envolvidos, com o fim da guerra? Qual foi a representação da guerra naquele momento? Quais os vencidos e os vencedores? Qual liderança mundial se sobressaiu como poder?

Hobbes propôs o contrato social como uma política de igualdade e segurança entre os homens, mas se esqueceu de dizer que vivemos em classes, e fica a pergunta: todas as classes sociais querem a paz? Seria possível pensar em paz mundial? O fato de, atualmente, não vivermos uma guerra, nas dimensões da simulada durante o jogo *Entre Trincheiras*, significa que podemos dizer que estamos em paz? Qual nosso conceito de paz? Como poderiam os seres humanos viver em paz? Seria possível uma política mundial para a cooperação transnacional? Qual seria a grande guerra da atualidade? Além das guerras promovidas pela indústria bélica (visível), quais seriam as guerras invisíveis que, atualmente, têm ceifado milhões de vidas no mundo? A lógica capitalista diz que todos os seres humanos são iguais, mas quais são as reais diferenças entre a igualdade da classe dominante e dominada? A busca pelo sentido comum é antigo, mas como essa busca se manifesta ao longo da História? Nos tempos pós-modernos, na Era das Telecomunicações, do avanço da inteligência artificial, como se sobressaí a defesa dos direitos sociais? Estamos diante uma nova guerra entre trincheiras? Quais destas trincheiras são visíveis e quais são as invisíveis? Quais são os resultados devastadores das Trincheiras em seus aspectos sociais, políticos, econômicos, éticos e ambientais? Que tal refletir sobre as atuais guerras entre *as trincheiras* que vivemos? Que tal levantar novas perguntas?

5. E-portfólio do Corpo Brincante do Jogo
Entre Gênero – tabuleiro, cartas e regras

Para uma melhor interpretação do Jogo *Entre Trincheiras,* você poderá acessar o e-portfólio deste jogo, disponível no endereço *www.e-corpobrincante.ufop.br e* assistir às videoaulas, baixar o tabuleiro, as regras e as cartas. O material disponível, virtualmente, em seu conjunto, poderá melhorar a interpretação, fazer fluir boas ideias e instigar novas didáticas.

REFERÊNCIAS

A PRIMEIRA Guerra Mundial (1914-1918). **Tocolando.blogspot.com.** Disponível em: http://conflitosmundiaistocolando.blogspot.com.br/2010/05/primeira-guerra-mundial-1914-1918.html. Acesso em: 25 nov. 2017.

A PRIMEIRA Guerra Mundial 1914 – 1918. **Mundo Vestibular.** Disponível em: https://www.mundovestibular.com.br/estudos/historia/a-primeira-guerra-mundial-1914-1918-resumo. Acesso em: 28 mar. 2018.

CORTI, Ana Paula. Primeira Guerra Mundial: Estopim foi assassinato de arquiduque. **UOL Educação**, Pedagogia e Comunicação. São Paulo, 25 jul. 2012. Disponível em: https://educacao.uol.com.br/disciplinas/historia/primeira-guerra-mundial-estopim-foi-assassinato-de-arquiduque.htm?cmpid=-copiaecola. Acesso em: 24 nov. 2017.

FALAR de História. **I Grande Guerra 1914**. 2012. Disponível em: https://falar-de-historia.webnode.com/. Acesso em: 22 mar. 2018.

HALÁSZ, Gábor. 1917: EUA rompiam com a Alemanha. Notícias. Calendário Histórico. **Deutsche Welle (DW)**. Disponível em: http://www.dw.de/1917-eua-rompem-com-a-alemanha/a-299036. Acesso em: 29 mar. 2018.

HOBSBAWM, Eric. **A Era dos Extremos**: o breve século XX 1914-1991. São Paulo: Companhia das Letras, 1995, p. 33.

I GUERRA Mundial. **Portal do Professor**. Disponível em: https://guerrasportalprofessor.wordpress.com/grandes-guerras/i-guerra-mundial/. Acesso em: 22 mar. 2018

PRIMEIRA Guerra Mundial – Resumo. Estudo Prático. Disponível em: http://www.estudopratico.com.br/primeira-guerra-mundial-resumo/. Acesso em: 29 de mar. 2018.

PRIMEIRA Guerra Mundial em Só História. **Virtuous**: Tecnologia da Informação, 2009-2020. Disponível na Internet em http://www.sohistoria.com.br/ef2/primeiraguerra/. Acesso em: 22 mar. 2018

PRIMEIRA Guerra Mundial. **Brasil Escola.** Disponível em: http://meuartigo.brasilescola.com/historia-geral/primeira-guerra-mundial.htm. Acesso em: 22 mar. 2018.

PRIMEIRA Guerra Mundial. **InfoEscola**. Disponível em: http://www.infoescola.com/historia/primeira-guerra-mundial/. Acesso em: 22 mar. 2018.

PINTO, Tales. Primeira Guerra Mundial (1914-1918). Escola Kids. Disponível em: http://www.escolakids.com/a-i-guerra-mundial-1914-1918.htm. Acesso em: 22 mar. 2018.

PROENÇA, Kiko. **Samauma e o Povo das Américas – Final.** Fiction – 2018 – 354 p. Baraúna. Copyright. Disponível em: https://books.google.com.br/books?id=D-RfDwAAQBAJ&pg... Acesso em: 16 mar. 2019.

SILVIA, Vitória Régia da. Gênero e Número. Transfobia: 11 pessoas trans são agredidas a cada dia no Brasil. 17 jun. 2019. Disponível em: http://www.generonumero.media/transfobia-11-pessoas-trans-sao-agredidas-a-cada-dia-no-brasil-2/. Acesso em: 20 mar. 2019

SOUSA, Rainer Gonçalves. Antecedentes da Primeira Guerra Mundial. **Brasil Escola.** Disponível em: https://brasilescola.uol.com.br/guerras/antecedentes-primeira-guerra-mundial.ht. Acesso em: 15 mar. 2019.

SOUSA, Rainer Gonçalves. A vida nas trincheiras. **Brasil Escola**. Disponível em: https://brasilescola.uol.com.br/historiag/a-vida-nas-trincheiras.htm. Acesso em: 22 mar. 2018.

CADERNO DIDÁTICO 3
JOGO *TRILHA DA SUSTENTABILIDADE*

Caro(a) Leitor(a),

Seja muito bem-vindo(a) a este caderno, *Trilha da Sustentabilidade,* que tem os seguintes objetivos: 1. tratar de problemas ambientais intimamente ligados a nossa vida e mostrar a nossa relação com à sustentabilidade; 2. refletir sobre as três dimensões do desenvolvimento sustentável: a econômica, a social e a ambiental; 2. estimular atitudes humanas que podem para garantir a dignidade e igualdade da vida humana, em um ambiente saudável, no planeta Terra.

O jogo *Trilha da Sustentabilidade* não é um simples jogo de tabuleiro. Ele é uma ferramenta importante de reorganização espacial e temporal da sala de aula. Ao participar da experiência, os(as) jogadores(as) são convidados(as) a mergulharem em práticas pedagógicas transdisciplinares e inovadoras, que se compõem de diferentes instrumentos de aprendizagem, tais como: teatro, produção de cartazes, elaboração de narrativas/discurso, planejamento de intervenções políticas, simulações etc. Para tanto, esses instrumentos são incorporados ao jogo durante a leitura das cartas, lhe propiciando, ao mesmo tempo, dinamicidade e originalidade.

Desse modo, esse jogo articula o uso do tabuleiro com diferentes instrumentos de ensino/aprendizagem, como uma possibilidade pedagógica metacognitiva, qual seja: estimular estratégias *jogantes* críticas e reflexivas, por meio de ações de aprendizagem voluntárias, coletivas e diversificadas. Assim, essas podem permitir a reflexão a respeito do meio ambiente/sustentabilidade. Por exemplo: as queimadas, o uso do lixo, o uso da água, a poluição dos rios/mares, do ar, dentre outros temas afins, potencializando o desejo dos(as) brincantes de desenvolverem uma nova experiência cotidiana. Isso tudo se realiza com base num conceito ampliado de educação ambiental, com vistas a minimizar os impactos da ação degradante do homem na natureza.

Isso posto, as referidas estratégias de ensino/aprendizagem são estimuladas por meio de uma metodologia ativa, na qual docente e estudantes são protagonistas em cada *trilha da sustentabilidade* percorrida no tabuleiro. Ademais, eles são estimulados pelas *cartas problemas,* que os fazem refletir acerca de diferentes temas de forma coletiva, diversificada e criativa.

A relação pedagógica de interestruturação do conhecimento faz a mediação no processo de aprendizagem, corroborando com os aspectos anteriormente destacados e vividos durante o ato de jogar brincando. Dessa maneira, está pautado na Pedagogia Divergente, contrapondo-se à Pedagogia Convergente – que naturalizou a vivência da docência, por meio das repetidas e longas aulas de exposição de dados. Além disso, estas se compõem de um monólogo, no qual o professor se coloca como interlocutor central do conhecimento, absorvendo pouco da identidade do estudante e de sua real necessidade sobre essa temática e das suas possíveis contribuições.

Assim sendo, propomos uma possibilidade de renovar a didática das aulas, por intermédio de trilhas percorridas pelos(as) brincantes durante o jogo. Os(as) participantes são convidados (as) a mergulharem nas questões ambientais emergentes, com foco nas intervenções adequadas e /ou inadequadas do homem frente à natureza.

É papel da escola debater a situação do nosso meio ambiente, visto que muitos problemas ambientais acontecem por meio dos diferentes desastres ecológicos e de forma dramática. Portanto, faz-se necessário refletir sobre como chegaremos a um denominador comum, a fim de minimizarmos essa crise ecológica na qual vivemos e provocarmos uma nova ordem nacional/internacional sustentável.

Sugerimos que o(a) docente e os(as) estudantes criem novas propostas de jogos e explorem as diferentes formas de intervenção do homem no meio ambiente. Durante a leitura deste caderno, e ao experimentar o jogo, deixe sua imaginação fluir e se conecte com outros contextos que extrapolam os limites do tabuleiro do jogo *Trilha da Sustentabilidade*. De modo geral, desejamos que a leitura e a proposta deste jogo ajudem aos(às) professores(as) a planejarem diferentes ações docentes, na busca por novos procedimentos de ensino/aprendizagem. Almejamos, também, que trabalhem esse jogo em diferentes contextos e extrapolem os limites do tabuleiro do jogo *Trilha da Sustentabilidade*.

Por fim, ao jogarem, gostaríamos que compreendessem as regras do jogo buscando internalizá-las e, sobretudo, que deem espaços para pausas, dúvidas, perguntas e questionamentos diversos. É fundamental lembrar que o caminho do conhecimento deve ser estimulado pelas dúvidas. Nesse sentido, isso poderá alterar, positivamente, os percursos das aprendizagens dos indivíduos.

Boa leitura e bom jogo!

1. O jogo Trilha da Sustentabilidade e a finalidade

Este jogo tem como objetivo intensificar os saberes ambientais que pertencem ao nosso cotidiano, tanto local quanto global. Ademais, tenta dar relevância aos bons e ao maus hábitos humanos relativos ao meio ambiente e, também às ações de sustentabilidade.

Os jogadores brincantes são convidados a serem protagonistas e envolverem-se em práticas pedagógicas como seres históricos e sociais. Por essa razão, serão trabalhados neste jogo alguns conceitos relevantes, a saber: sustentabilidade, ação social, criatividade e ações coletivas.

Jogar ou melhor mergulhar na "Trilha da Sustentabilidade" é sentir a experiência do jogar como se pudesse ir até um pouco mais perto de problemas tão corriqueiros espalhados todos os dias nas mídias e que estão tão presentes no nosso cotidiano.

1.1 Conhecendo o tabuleiro do jogo Trilha da Sustentabilidade

O jogo que tem estrutura em formato de tabuleiro e com movimento de peças, onde as mesmas são responsáveis por selecionar entre as temáticas, afinizam uma discussão sempre coletiva, contribuindo para trabalhos em grupo. É um mergulho a nossa rotina diária, às vezes descuidada em relação aos pequenos atos de nosso dia a dia, esses que são fundamentais para o processo de preservação e cuidado com nosso planeta.

É um jogo coletivo que misturam diferentes temas: as queimadas, uso da água e cuidado com o lixo. Pode ser realizado com 10, 20 ou 30 estudantes. Os jogadores brincantes são convidados a serem protagonistas e envolverem-se em práticas pedagógicas como seres históricos e sociais. Por essa razão, serão trabalhados neste jogo alguns conceitos relevantes, a saber: sustentabilidade, ação social, criatividade e ações coletivas.

1.2 Descrição Física do Tabuleiro

O jogo é composto de
– 01 (um) tabuleiro (1m x 0,8m);
– 01 (um) dado de seis lados;
– 03 (três) peças-personagens nas cores: Amarelo, Vermelho, Roxo;
– 15 (quinze) "cartas desafio" separados por ambientes: Fogo, Água e Planta.

1.2.1 Descrição Processual do Tabuleiro

– 3 (três) trilhas diferentes separadas por cores e símbolos (Verde/Vermelho/Azul); (Planta/Fogo/Água);
– Em cada uma das três trilhas, o total de 10 (dez) casas para movimento, tendo 5 (cinco) em cada com os símbolos citados;
– Ponto de partida – Grande Base na parte inferior das 3 (três) trilhas;
– Três trilhas (seccionada em casas) que se movem de um ponto ao outro do tabuleiro, mas que não se interligam, mas podem ser perpassadas.

1.2.2 A Perspectiva do Tabuleiro do Jogo

O tabuleiro tem uma perspectiva nova e se destaca-se por estimular a sequência de alternadas das jogadas. Nesse sentido, há um incentivo de não objetivar uma ordem, persistir em uma estratégia, mas sim em buscar novas possibilidades da sua ação dentro das infinitas jogadas que os(as) jogadores(as) poderão desenvolver.

Figura 1 – Imagem do tabuleiro *Trilha da Sustentalidade*

Fonte: Projeto de pesquisa *O Corpo Brincante* – FAPEMIG/UFOP (2017 – 2020).

O tabuleiro inicia sempre com três equipes simultâneas, conforme Figura 1. Essas equipes, por sua vez, encontram-se em um ponto de subida no mapa e, conforme determinado no jogo podem ser: planta, fogo ou água. Para que os(as) jogadores(as) passem para outro campo, precisam levar seus(suas) personagens até a próxima coluna. Dessa forma, eles(as) precisam ter um objetivo definido e podem escolher estratégias de como solucionar mais rápido as questões postas em desafio e, assim, vencer a partida. Desse modo, o jogo não permite todos os tipos de movimentos possíveis na primeira jogada, mas estimula a pensar as possíveis trocas e análises no momento de rolar os dados.

1.2.3 Público Alvo

Sugerimos que o jogo seja aplicado, preferencialmente, em salas de aula com estudantes do 5º ano do Ensino Fundamental ao 3º ano do Ensino Médio.

Observação: O jogo exige a compreensão de contextos variados e complexos. Cabe ao(à) docente definir qual o perfil e o desenvolvimento da aprendizagem da turma para jogar. Isso ajudará a apreensão do conteúdo pelos alunos, com o propósito de haver mais fluidez nas jogadas.

2. Jogabilidade: Disposições Gerais

- O jogo terá 3 participantes, operando a jogada no tabuleiro. O restante da equipe (outros 4 jogadores) estará comandando de seus lugares a decisão que o jogador que estiver na frente do tabuleiro irá conduzir;
- Em cada peça do tabuleiro pode haver até 5 estudantes, compondo a equipe, com a totalização de 15 jogadores;
- Cada peça será colocada sobre o ponto de partida (indicado no tabuleiro com um retângulo na parte inferior das trilhas). Será eleita uma ordem de jogadas, a partir de lançamento de dados. Quem retirar o número maior inicia o jogo e, assim, sucessivamente;
- As 3 peças são divididas em 03, representando as *equipes*. (Não há ligação com as cores do tabuleiro);
- Cada equipe terá, como objetivo, realizar 2 tarefas de cada elemento que consta nas trilhas (2 de planta, 2 de água, 2 de fogo).

2.1 Disposição do tabuleiro antes do início da partida

Serão posicionados os três jogadores na base abaixo das trilhas.
Primeira rodada

- Determina-se aleatoriamente a ordem de jogada de cada equipe;
- De acordo com os turnos joga-se o dado para determinar quantas casas a avançar (1 a 6);
- Movimenta-se no tabuleiro indo para frente e para trás, seguindo a trilha, podendo o mesmo chegar ao topo e retornar para caminhos diferentes conforme seu objetivo.

Intervenções: Ações que poderão ser provocadas dentro partida.

- Símbolos das *Cartas Problemas* [Água/Fogo/Planta]

Toda vez que a equipe cair sobre um desses símbolos ela será responsável por responder (solucionar) uma *carta problema*. Caso responda (solucione) de forma satisfatória (na ótica do professor e dos colegas por meio do consenso-lógico) será concedido à equipe um ponto. Esse ponto concedido faz parte do objetivo de cada equipe para solucionar *as cartas problemas*. Se solucionar de forma satisfatória dois (2) de cada tipo de símbolo contido no jogo assim determinado: 2 pontos do símbolo Fogo, 2 pontos do símbolo Planta, 2 pontos do símbolo Água.

2.2 Finalização do jogo

O jogo é finalizado quando uma das equipes demonstrarem que cumpriram o objetivo de sua equipe, ou seja, tendo duas respostas satisfatórias conquistadas de cada um dos três elementos do jogo (Fogo, Água, Planta).

Observações gerais:

Não há uma ordem linear e/ou sequencial de movimentação no tabuleiro, ou seja, não há um ponto inicial, final ou ordem correta de movimentação. O tabuleiro é construído para proporcionar uma livre movimentação das equipes de acordo com suas estratégias de jogo;

Nas grandes bases onde há o ponto de partida e o final das trilhas na parte superior do tabuleiro, cada jogador deve considerar tanto a parte superior quanto a inferior. Sendo assim, surge 'uma casa', pois os jogadores precisam transitar de uma trilha para outra e isso somente acontece com a passagem dessa base. Em outras palavras, ao chegar ao final da trilha água, por exemplo, o jogador poderá passar para trilha planta, passando pela 'céu' do tabuleiro. Dessa maneira, ele contará como uma casa e chegará até próxima trilha. Isso serve para qualquer movimentação entre as trilhas fogo, água e planta.

3. A intencionalidade das cartas

As cartas neste jogo têm uma dupla função: proporcionar as estratégias para o cumprimento dos objetivos do jogo e promover o debate sobre questões ambientais contemporâneas. Nesse sentido, a unificação da construção de jogadas estratégicas, acompanhados de uma organização de cartas 'intencionais' para promover uma reflexão dos indivíduos, o jogo Trilha da Sustentabilidade quer trazer os temas ambientais para dentro da sala de aula. Assim sendo, questionará sua validade individual e coletiva para o bem de nosso planeta.

3.1 As *Cartas Desafio*

A grande intenção das cartas desafio é refletir sobre os temas postos em jogo para diferentes reflexões. As cartas movem as ações do jogo. Logo, as cartas desafio têm como objetivo provocar reflexões das ações sociais e ambientais em formato de atividades criativas. Em cada uma das cartas possíveis de serem pegas durante o jogo, promove-se uma ação voluntária. Isso, por sua vez, pode oportunizar os estudantes a pensar com o seu grupo ações mais diversificadas no campo ambiental, tais como: as queimadas, o uso do lixo, o uso da água dentre outros temas. Há um total de 15 cartas desafios, possíveis de serem obtidas nos três símbolos que se encontram dentro tabuleiro.

3.2 As *Cartas Problemas*

As "Carta Problema" são separadas por cores, a saber: verde, azul e vermelho, assim como as cores das trilhas no tabuleiro. Os jogadores organizam-se de maneira coletiva para resolução do problema e, assim, obter pontuação.

As Cartas Problemas descritas no item 3 deste caderno estão distribuídas de maneira aleatória. Porém, há a exposição de diferentes temáticas dentro da realidade da *Trilha da Sustentabilidade*.

Por meio da leitura das cartas, os(as) jogadores(as) são provocados(as) a (re)pensarem sobre os aspectos que envolvem a relação do homem com o meio ambiente, postas em questão nas diferentes cartas. Vejamos a seguir as funções das Cartas do Trilha da Sustentabilidade.

> Cartas Fogo – Questões ligadas ao desmatamento e mau uso dos recursos da floresta;
> Cartas Água – Cuidado com a água potável do planeta e o uso do lixo;
> Cartas Verde – Ideias sustentáveis e manutenção do meio ambiente.

Há um total de 15 cartas desafios, possíveis de serem obtidas nos três símbolos acima descritos que se encontra dentro tabuleiro, discriminadas como exemplo das Figuras 2, 3 e 4, abaixo ilustradas:

Figura 2 – Exemplo de uma Carta Fogo	Figura 3 – Exemplo de uma Carta Água	Figura 4 – Exemplo de uma Carta Planta
#1 O desmatamento é uma forma cruel e imprudente de acabar com nossas florestas. Atualmente, tudo que tem como matéria-prima e madeira pode ser utilizada de maneira mais eficiente ou substituída por outro material de mais resistência e menos destruição. Para demonstrar isso cada grupo construirá uma propaganda de incentivo a preservação e a diminuição da utilização da madeira como meio de produção em massa.	**#1** A água é o bem mais precioso que temos em nosso planeta. Mesmo em abundância, o uso humano extrapola essa vantagem. Em quase tudo que possuímos, utilizamos a água com meio de sobrevivência e para a criação de tecnologia. Cite 3 coisas essenciais em que a água faz parte da sua vida diretamente e uma forma para diminuir o consumo de água no planeta	**#1** Nossas florestas somem a cada dia. Não é mais tão fácil achar uma linda floresta exuberante onde o homem passa. Alegue três motivos que torna-se indispensável o desmatamento e aponte três alternativas para tornar essa exploração menos prejudicial.

Fonte: Cartas 2, 3 e 4 – Projeto de pesquisa *O Corpo Brincante* – FAPEMIG/UFOP (2017 – 2020).

Para cada pouso de uma das equipes sobre um dos símbolos, acontecerá uma reflexão sobre uma questão ligada ao símbolo. Isso repercutirá no chamado "combate de ideias".

Desse modo, a tentativa não é achar uma resposta exata para a questão, mas colocar ideias sobre a proposta do questionamento e compartilhamento entre todos os jogadores. Em suma, o questionamento dos estudantes apresenta-se no ritmo de um debate. Os jogadores organizam-se entre si. Levantam respostas, indagações e até novas questões sobre o tema. O reflexo dessa discussão é a possibilidade de estimular processos coletivos e criativos frente a um problema público e de responsabilidade geral, já que o parâmetro da estratégia e da boa jogada entram em cena.

3.3 Descrição das *Cartas Problemas*

Carta Fogo #1

O desmatamento é uma forma cruel e imprudente de acabar com nossas florestas. Atualmente, tudo o que temos como matéria-prima, em termos de madeira, pode ser utilizado de maneira mais eficiente e/ou substituído por outro material de mais resistência e menos destruição.

Desafio de Aprendizagem

Com o fim de demonstrar tal questão, cada grupo construirá uma propaganda de incentivo à preservação e a diminuição da utilização da madeira como meio de produção em massa.

Carta Fogo #2

As queimadas são uma das fontes mais cruéis da destruição das matas, rios e fauna. Todos os anos, incêndios acidentais e não acidentais matam uma parte preciosa da vida do nosso planeta. No entanto, quando há incêndios criminosos, além da destruição, há o descaso.
Desafio de Aprendizagem:
Cada grupo simulará uma conversa entre um homem e um grupo. Esse homem acaba de cometer um incêndio criminoso em uma floresta e o grupo presenciou. Tarefa: em forma de teatro, como o grupo irá abordar esse sujeito após o seu feito?

Carta Fogo #3

Queimar matas e florestas, a fim de abrir caminhos para dentro das matas, possui acima de tudo, elementos ligados a novas formas de exploração da terra, principalmente pela agroindústria.
Desafio de Aprendizagem:
Simule ser um dos membros de uma grande empresa de agronegócio e proponha uma produção mais limpa para seu próximo investimento que irá acontecer na floresta amazônica.

Carta Fogo #4

Quando perdemos uma floresta original, ela dificilmente irá se reerguer. O tempo e dedicação da natureza para se tornar um ambiente sólido e firme leva centenas de anos. Entretanto, com apenas um toque de um motor, pode acabar com toda essa vida de tempos e tempos.
Desafio de Aprendizagem
Cada uma das equipes produzirá um cartaz sem nenhuma palavra, isto é, por meio de imagens que traduza a seguinte temática: 'O homem destrói o que a natureza demorou uma vida inteira para construir'.

Carta Fogo #5

De quem é a culpa? Quando uma floresta é queimada e se esvai, muitos se isentam da culpa. Porém, cada um de nós tem uma parcela de responsabilidade.
Desafio de Aprendizagem:
Faça uma lista com todas as pessoas que podem estar envolvidas diretamente e/ou indiretamente na causa de uma queimada e explique os devidos motivos.

Carta Água #1

A água é o bem mais precioso que temos em nosso planeta. Mesmo em abundância, o uso humano da água extrapola essa vantagem. Em quase tudo que possuímos, utilizamos a água como meio de sobrevivência e para a criação de tecnologia.
Desafio de Aprendizagem
Cite 3 coisas essenciais em que a água faz parte da sua vida diretamente e sugira uma forma para diminuir o consumo de água no planeta.

Carta Água #2

Água não é só para beber. A água é um instrumento da vida de nosso planeta. Plantas, animais, objetos, meios de locomoção, todos eles dependem em algum estágio da vida ou de sua produção da água. Ela é fonte de energia e da manutenção de nosso mundo.
Desafio de Aprendizagem
Organize um evento no qual será discutido a questão da água potável do planeta. Caso a ideia seja aprovada, façam o possível para realizar esse evento em apenas um dia, após o término do jogo.

Carta Água #3

Hoje em dia, cada vez é mais raro termos mananciais de água potável. O mundo parece começar um conflito pelo pouco que resta de nossos recursos hídricos.
Desafio de Aprendizagem:
Liste 10 atitudes que podem ajudar a prevenir o uso exacerbado da água.

Carta Água #4

Quando não pensamos sobre nossas atitudes, em relação ao uso adequado da água podemos sofrer com consequências danosas. Hoje vivemos um pouco essa realidade. Cada vez menos podemos ter tranquilidade ao realizar nossas atividades. Muitas vezes, ao lavar um carro ou utilizar a torneira para lavar a louça não pensamos o caminho que a água tem para sair de uma nascente e chegar até a nossa torneira.
Desafio de Aprendizagem
Faça um desenho da seguinte maneira: em forma de caminho da nascente à torneira, tente passar por todos os caminhos necessários até a sua casa.

Depois que o jogo terminar, marque uma visita a uma nascente ou central de tratamento de água da sua cidade para ver tudo de maneira real.

Carta Água #5

Não perca a oportunidade de criar novas atitudes. Para o cuidado da água não é diferente. É hora de reproduzir e multiplicar a mudança de hábitos.
Desafio de Aprendizagem:
Em uma roda, cada um dos presentes nela falará para todos uma atitude que renova os hábitos da falta de cuidado da água. Depois pensarão em um plano coletivo para divulgar essas ideias.

Cartas Florestas #1

Nossas florestas somem a cada dia. Atualmente, não é mais tão fácil achar uma floresta exuberante onde o homem pode ir.
Desafio de Aprendizagem
Fale três motivos que torna indispensável o desmatamento. Depois, e aponte três alternativas para tornar essa exploração menos prejudicial.

Cartas Florestas #2

A função das florestas não é só para nós humanos em relação ao ar que respiramos ou as atividades de extração. Ela é uma parte fundamental da vida de todo o planeta.
Desafio de Aprendizagem:
Em grupo, elabore um discurso com o seguinte conteúdo: a importância de preservar o nosso planeta para o bem de nossas vidas. Esse discurso terá como plateia os outros grupos que estão jogando.

Cartas Florestas #3

Quanto tempo é necessário para uma árvore voltar a crescer? Algumas delas muito tempo.
Desafio de Aprendizagem:
Cite três árvores da sua região que são nativas e calcule o tempo em que ela demorou para se tornar adulta. Exemplos dessas arvores serão bem-vindos.

Cartas Florestas #4

A nossa casa é nosso ambiente mais comum. Todos os dias temos diversas atitudes que podemos fazer escolhas sustentáveis. Isso pode ser na hora do banho, de lavar a louça, no descarte do lixo, dentre tantas outras ações.
Desafio de Aprendizagem:
Especifique três ações cotidianas que realizamos em casa e sugira mudanças que poderiam ser realizadas para serem mais sustentáveis.

É importante fazer uma comparação entre uma atitude não sustentável e uma sustentável.

Cartas Florestas #5

O lixo é um problema mundial. A falta de cuidado com o resto de produtos, alimentos e materiais de consumo de nosso cotidiano, muitas vezes, cria ações pouco inteligentes e que causam impactos negativos e duradouros em nosso planeta.
Desafio de Aprendizagem:
Elabore com sua equipe um plano para incentivar e realizar a prática da coleta seletiva em sua cidade. O planejamento deve conter: ações de incentivo, infraestrutura para receber o lixo separado e possíveis resultados de adesão com a campanha realizada.

4. Trilha da Sustentabilidade: aonde queremos chegar?

Por meio do jogo *Trilha da Sustentabilidade*, demonstramos a abrangência do tema. Vimos que temos utilizado nosso meio ambiente inadequadamente e que os seres vivos deste planeta têm sofrido as graves consequências da intervenção destruidora do homem.

Por ser um tema de difícil abordagem, propomos esta trilha brincante, em busca de salas de aulas mais alegres, mais entusiasmadas e mais provocativas sobre o conteúdo/tema ministrado.

Por fim, vale ressaltar que esta proposta permite múltiplas interfaces e que o mosaico elaborado por nós é uma das formas de tornar possível a aquisição de conhecimento que permeia as diferentes áreas da vida. Em resumo, dê asas à criatividade, chame os(as) estudantes a participarem da construção do jogo de um novo jogo.

Bom trabalho e muito sucesso!

5. Endereços Eletrônicos do Jogo

Está disponível um *app* para acesso ao jogo *Trilha da Sustentabilidade* que permite potencializar a aprendizagem individual, colaborativa, simultânea (quando os membros de um grupo estão reunidos para realização de uma tarefa por meio de um aplicativo colaborativo). Essa forma é similar à colaboração com o uso de ferramentas analógicas do jogo e suas ferramentas – cartas, tabuleiro, dados etc.

No entanto, pode-se dar ênfase em processos educativos interativos, tanto presenciais quanto virtuais.

Por meio do uso de tecnologias móveis (*tablet, netbook, smartphones*) promove-se a *mobile learning, ou seja, a aprendizagem móvel. Nesse caso, por intermédio do* tabuleiro virtual pode-se desencadear experiências pedagógicas colaborativas escolares e também extraescolares. Esse formato virtual de aprendizagem permite aos membros das equipes (grupos de estudantes) administrarem por meio do seu dispositivo móvel as diferentes jogadas possíveis. Isso potencializará a interação do trabalho colaborativo.

Disponibilizamos, também, outras formas virtuais de informação/comunicação e compartilhamento para compreensão e/ou uso dos jogos. Vejamos a seguir.

Site *E-portfólio do Corpo Brincante:* www.e-corpobrincante.ufop.br
Facebook: https://www.facebook.com/pg/corpoquebrinca/
YouTube: https://www.youtube.com/channel/UCjqe6UeJC1v-jruRz2jvfhA
Instagram: https://www.instagram.com/ocorpobrincante/?hl=pt

Os(as) docentes podem fazer uso da interação virtual com os estudantes quando estiverem distantes fisicamente usando os aplicativos de videoconferência (*Hangout, Skype*), fóruns de discussões e produção colaborativa (*Google Drive, Google Maps, Blogger,*) ferramentas de bate-papo por meio de textos, áudios, vídeos ou imagens (*WhatsApp, Facebook, Gtalk,*) e compartilhamento (*Youtube, Instagram, Dropbox*).

6. Indicações de sites e vídeos

Site das Nações Unidas sobre a Agenda 2030 para o Desenvolvimento Sustentável, disponível em: https://nacoesunidas.org/pos2015/agenda2030/. Acesso em: 30 ago. 2019.

Revista Nova Escola. Disponível em: https://novaescola.org.br/tag/93/meio-ambiente

Vídeo 1 com Rachel Trajber. Disponível em: https://www.youtube.com/watch?v=2EBkXUNPER4.

> Nesta entrevista, a especialista em sustentabilidade Rachel Trajber, que durante sete anos foi coordenadora geral de Educação do Ministério da Educação e atua hoje como responsável pelo setor de Educação do Instituto Marina Silva, em Brasília, fala sobre a importância do papel de cada dentro de um mundo mais sustentável (TRAJBER, 2010).

Vídeo 2 – O Que É Sustentabilidade. Disponível em: https://www.youtube.com/watch?v=UDUoyBwLXaQ

> O Prof. Alexandre explica o que é sustentabilidade e revela que ela na verdade tem três lados que se completam: a sustentabilidade ambiental, a econômica e a social. Sustentabilidade é mais do que você pensava, e tem mais a ver com a vida de todas as pessoas também (SOUSA, [20–?]).

Canal do YouTube: Esfera Científica

REFERÊNCIAS

SOUSA, Alexandre. **Informações e comentários científicos sobre ecologia, sociedade e a própria ciência**. Esfera Científica. UFRN. YouTube[BR]. Disponível em: https://www.youtube.com/user/alexfadigas. Acesso em: 26 mar. 2020.

TRAJBER, Rachel. **Sustentabilidade**: qual é o nosso papel? O que é Sustentabilidade? Nova Escola.org.br. YouTube[BR]. Produzido por PORTILHO, Gabriela; SANTOMAURO, Beatriz. Fundação Vitor Civita. Abril Gerdau. set. 2010. Disponível em: https://www.youtube.com/watch?v=2EBkXUNPER4. Acesso em: 26 mar. 2020.

CADERNO DIDÁTICO 4
JOGO *ENTRE GÊNERO*

Prefácio do Caderno Didático *Entre Gênero*

Tive a oportunidade de ler o Caderno Didático 4, do jogo "Entre Gênero", e com muita satisfação, encaminho algumas considerações. O texto é bem escrito e explora didaticamente cada momento e a organização a ser seguida. As finalidades do jogo "Entre Gênero" estão bem explicitadas e propiciam fácil entendimento da proposta.

A caracterização Cartas das Perguntas e das Cartas Tempo explora situações cotidianas que refletem o universo escolar ou aspectos próximos à realidade vivida. O jogo é inovador, uma vez que aborda questões atuais e rompe com os desvios conservadores colocados para estigmatizar os Estudos de Gênero e o seu alcance para garantir direitos e respeito a todas as pessoas, independentemente de classe social, raça, opção sexual.

Ao ser adotado nas escolas, o jogo leva em consideração as faixas etárias indicadas e a opção de cada docente (não como uma intervenção da direção da escola), pois irá depender do conhecimento e experiência desses com o tema. Assim contribuirá, certamente, para desnaturalizar a ideia de gênero com base no sexismo, e informar sobre esse conceito ainda tão ignorado e pouco explorado pedagogicamente, mesmo sendo uma construção sociocultural.

Gostaria muito de realizar essa experiência do Jogo de Gênero em uma classe, para observar, sobretudo, a presença de estereótipos ou de preconceitos.

Parabenizo os autores pela iniciativa criadora e a operacionalização dos jogos, por meio de uma pedagogia participativa que explora o lúdico e desperta interesses pela questão, tão pouco compreendida em nossa escolas de Ensino Fundamental e Médio.

Com carinho, convido: vamos ao jogo?

Professora Lidia Mara Vianna Possas
Livre docente do Programa de Pós-Graduação da FFC/UNESP –
Identidade, Memória e Cultura e Coordenadora do Laboratório
Interdisciplinar de Estudos de Gênero (LIEG – UNESP)

Caro(a) Leitor(a),

O jogo *Entre Gênero* é uma plataforma livre e convida o(a) docente e o(a) discente a refletirem sobre identidade de gênero, sexualidade, orientação sexual e expressão de gênero. Este Caderno traz para o debate os direitos das meninas, das mulheres e da população **LGBTQIA+** (agênero, andrógeno, assexual, bissexual, crossdresser, drag queen/king, gay, gênero fluido, intersexual, lésbica, não binário, pansexual, queer, travesti, transexual/transgênero, cisgênero etc.) do Brasil e do mundo. Tais temas vêm provocando diferentes pautas de enfrentamento curricular e societal. De um lado, temos uma pauta conservadora, que busca, por meio de instrumentos normativos, proibir o debate desses assuntos nas escolas. Noutro giro, o Ministério Público Federal, os movimentos de defesa da escola pública e os(as) trabalhadores(as) em educação vêm contestando tais normativas e/ou propostas em tramitação, juridicamente, por meio de Arguição de Descumprimento de Preceito Fundamental – ADPF, uma vez que tais propostas de lei contrariam dispositivos da Constituição da República concernentes ao direito à igualdade, à laicidade do estado, ao pluralismo de ideias e de concepções pedagógicas e ao direito à liberdade de aprender, ensinar, pesquisar e divulgar o pensamento, a arte e o saber. Para refletir sobre tal confronto de ideias, trazemos algumas questões relevantes, listadas a seguir, que podem ser usadas para reflexões durante ou após a experiência do jogo:

- Qual visão de gênero é predominante socialmente? A quem interessa perpetuar uma visão hegemônica de gênero?
- Quais os valores de gêneros são projetados na escola, na família e na sociedade? Por que esses valores, e não outros são considerados?
- Quais saberes o currículo privilegia? Por que esses e não outros?
- Quais culturas e quais conhecimentos são considerados mais valiosos no currículo escolar? Por que esses e não outros?
- Como as minorias são tratadas ou porque deixam de ser tratadas na escola?
- Como a visão hegemônica do currículo influencia na formação das pessoas, na construção de identidades e das subjetividades?
- O que está ausente no currículo escolar em relação à discussão de gênero? Por quê?

Após a experiência do jogo, será possível perguntar: quantas dessas questões sobre gênero estão presentes no nosso cotidiano? Quais as lições que esse tema nos ensina? Para mais detalhes sobre esta questão, sugerimos a leitura do Capítulo 1 desta obra no item "A dimensão política da ação docente brincante".

De modo geral, desejamos que esta leitura o(a) ajude a (re)planejar a ação docente, na busca por novos procedimentos de ensino/aprendizagem. Ao jogar, experimente as regras e busque compreendê-las, dando espaço para pausas, perguntas e questionamentos que podem alterar, positivamente, os percursos das aprendizagens.

Boa leitura e bom jogo!

1. Finalidade do Jogo *Entre Gênero*

O jogo possui o propósito de intensificar os saberes sobre a luta de gêneros no Brasil e em outros países do mundo. Também traz, em seus principais conceitos, questões importantes, tais como: relações de poder, estruturas e hierarquizações de escolha sexual, tipos de sexualidade e preconceitos. Por isso, neste jogo, trabalha-se com o protagonismo dos(as) estudantes, envolvendo-os em suas práticas como agentes interventores das situações apresentadas no próprio jogo.

1.1 Público Alvo

Este jogo deve ser aplicado, preferencialmente, em salas de aula com estudantes que estejam na faixa etária mínima de 12 anos, por apresentar conteúdos que são mais bem compreendidos pelos(as) estudantes a partir dessa etapa da educação básica.

1.2 Descrição Física do jogo

O jogo é composto:
– 01 (um) tabuleiro (1m x 0,8m);
– 02 (dois) dados de seis lados;
– 02 (duas) peças-personagens nas cores: amarelo e vermelho;
– 10 (dez) "cartas perguntas";
– 10 (dez) "cartas tempo";
– 1 (uma) "carta objetivo" para todo o grupo.

1.3 Descrição e imagem do tabuleiro do jogo

- 10 áreas com a marcação da letra [T] e 10 marcações com a letra [P]. Estas duas marcações são os Pontos de partida "Entre Gênero";
- Uma trilha (seccionada em casas) que interliga os pontos com a letra [T] e [P] e a casas nas quais as peças serão movimentadas;

- Ao lado direito do mapa haverá 10 pontos com datas que servirão para montar a linha do tempo, conforme as equipes desvelam as escrituras das cartas coletadas nos pontos [**T**] do tabuleiro, conforme Figura 1.

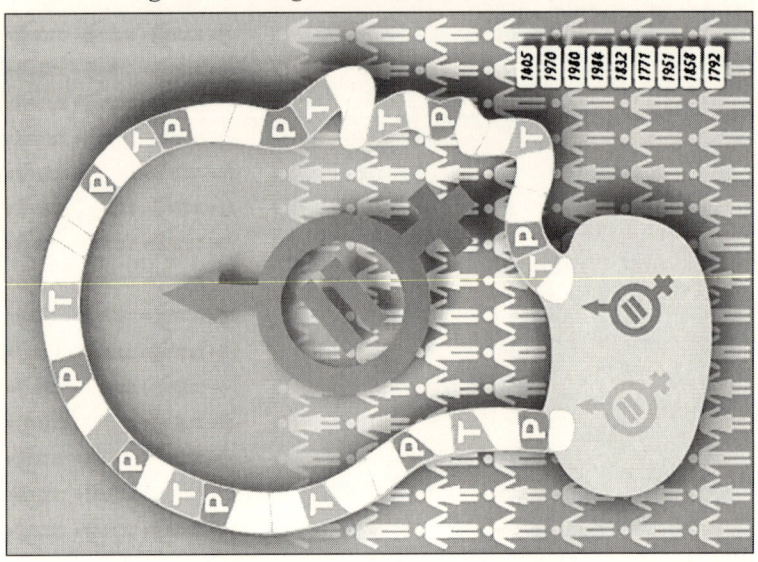

Figura 1 – Imagem do tabuleiro *Entre Gênero*

Fonte: Projeto de pesquisa *O Corpo Brincante* – FAPEMIG/UFOP (2017-2020).

2. *Entre Gênero*: como jogá-lo?

O jogo que tem sua estrutura em formato de tabuleiro e com movimento de peças (cartas problemas). Elas são responsáveis por diversos conflitos que podem gerar aprendizagens sobre o tema proposto. Deve sempre ser jogado em grupo. Sejam 10, 20 ou 30 estudantes.

2.1 Conhecendo o jogo *Entre Gênero*

O tabuleiro do jogo *Entre Gênero* (Fig. 1) tem uma perspectiva nova, pois não há ordem de movimentos. Para iniciar o jogo, o jogador precisará posicionar seu personagem sobre as letras [**P**] ou [**T**]. Esse ato proporcionará muitas jogadas com o dado tais como: cartas sobre um fato histórico da luta de gêneros[5] ou debater um problema de ordem social, econômico ou político.[6] Assim sendo, durante a aula, (seja de história ou outra disciplina), surgem

---

5   Carta tempo, representada pela letra [**T**]
6   Carta Pergunta, representada pela letra [**P**]

possibilidades de elaboração de relevantes reflexões, por meio da construção de um mapa interativo dos temas em pauta durante o jogo.

2.2 Disposição do tabuleiro antes do início da partida

Serão colocadas as duas peças sobre o ponto de partida e a primeira equipe irá lançar o dado para percorrer as casas e conseguir parar sobre a letra [**P**]. Isso permitirá ao jogador pegar uma carta pergunta ou a letra [**T**] que permite-lhe uma carta Tempo.

Primeira rodada

- Determina-se, aleatoriamente, a ordem de jogada de cada equipe;
- De acordo com os turnos, joga-se o dado para determinar quantas casas a peça irá movimentar sobre o tabuleiro;
- As peças são movimentadas de forma livre sobre o tabuleiro – (para frente ou para trás).

2.3 Jogabilidade/disposições gerais

- O jogo terá 2 participantes por vez alternando as jogadas no tabuleiro. Para cada peça do tabuleiro pode haver até 20 estudantes que comporão a equipe totalizando 40 jogadores(as);
- Cada peça será colocada sobre o ponto de partida (indicado no tabuleiro como *Entre Gênero*) do tabuleiro e será eleita uma ordem de jogadas;
- As 2 peças são divididas em duas equipes (simbolizado que a jogada feita na peça determina qual equipe está ativa na rodada);
- Na primeira rodada, a equipe por vez reunida pegam a *Carta Objetivo* contendo os objetivos que precisam realizar;
- Logo após, em forma de rodada, cada equipe por vez, joga no tabuleiro o dado, caminhando de maneira livre o número de casas caído no dado.

2.4 As *cartas Perguntas* [P]

O jogo possui um total de 10 *cartas Perguntas,* conforme exemplo da Figura 34, que podem ser e identificadas no tabuleiro por meio do símbolo [**P**]. Cada pouso de uma das equipes sobre esse símbolo detonará uma reflexão sobre uma questão do dia a dia sobre o tema de gênero que repercute no chamado *combate de ideias*.

Figura 2 – Exemplo de uma *carta Pergunta, do Jogo Entre Gênero*

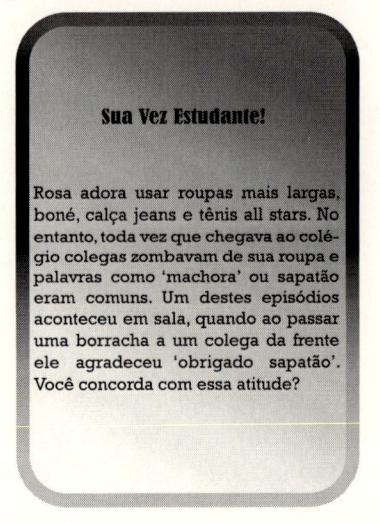

Sua Vez Estudante!

Rosa adora usar roupas mais largas, boné, calça jeans e tênis all stars. No entanto, toda vez que chegava ao colégio colegas zombavam de sua roupa e palavras como 'machora' ou sapatão eram comuns. Um destes episódios aconteceu em sala, quando ao passar uma borracha a um colega da frente ele agradeceu 'obrigado sapatão'. Você concorda com essa atitude?

Fonte: Projeto de pesquisa *O Corpo Brincante* – FAPEMIG/UFOP (2017 – 2020).

2.4.1 Quando a carta cair sobre o Ponto [P]

Toda vez que a carta da equipe cair sobre este símbolo [**P**], ela será responsável por responder (solucionar) uma *carta problema*. Caso a equipe responda, solucionando o problema de forma satisfatória (na ótica do professor e dos colegas por meio de um consenso coletivo) será concedido à equipe a resolução desse problema, sendo o problema solucionado, retirado do jogo.

Exemplo de jogada com as cartas [P]:

> No caso das cartas [P], mesmo que a equipe não tenha respondido de maneira satisfatória a carta não voltará à pilha e será descartada do jogo, não sendo mais utilizada.

Dica para o educador:

> As cartas [P] que não forem respondidas de forma satisfatória, podem ser relembradas ao final do jogo. Isso ajudará os estudantes a refletirem questões pertinentes sobre o tema em que tiveram dificuldades de responder.

2.4.2 Sugestões de Cartas Perguntas [P]

Seguem abaixo as sugestões das Cartas *Perguntas* [P] para que você possa experimentar o jogo, seguindo as orientações acima. Durante o combate de ideias a intenção não é de achar uma resposta exata para as *Cartas Perguntas*, mas, provocando um debate sobre o tema da(a) cartas entre todos(as) os(as) jogadores(as).

Os(as) (as)jogadores(as) organizam-se entre si para elaborarem as respostas, as indagações e, até mesmo, novas questões sobre o tema. O reflexo dessa discussão é a possibilidade de refletir sobre as questões temáticas postas, em pauta durante, o jogo.

Salientamos que você poderá criar novas cartas, renovando as ideias propostas neste jogo.

1ª *Carta problema* – Sua Vez Estudante!

É o segundo horário da turma de quinto ano. A aula será de Educação Física. Os meninos pegam a bola e se encaminham para a quadra. De repente, Joana fala com Pedro. Ele é um dos meninos que mais gosta de futebol de sua turma. Joana pergunta:
– Posso jogar?
Rapidamente, Pedro em tom de riso, faz um sinal negativo e diz:
– Que isso? Jogar bola é coisa de menino.
Joana vai até seus colegas e pergunta:
– O que eu faço?

2ª Carta problema – Sua Vez Estudante!

Hora do intervalo. Os meninos selecionados do Ensino Fundamental correm para pegar o lanche. Enquanto isso, Ana e Laura, quietas em um dos cantos do colégio, abraçam-se e aproveitam o único momento que podem ficar juntas. Um de seus colegas assiste a cena e zomba da atitude delas. De imediato, as duas se sentem ofendidas pelo seu colega. Sabendo que outros casais héteros se abraçavam no mesmo momento.
O que podemos pensar da atitude do garoto?

3ª Carta problema – Sua Vez Estudante!

Rosa adora usar roupas mais largas. Também, boné, calça jeans e tênis *All Stars*. No entanto, toda vez que chegava ao colégio os colegas zombavam de seu traje dizem palavras como: 'machora' ou 'sapatão'. Tais palavras eram comuns para zombar de Rosa. Em um desses episódios aconteceu o seguinte: em sala de aula, quando ela ao passar uma borracha a um colega da frente ele agradeceu 'obrigado sapatão'. Você concorda com essa atitude?

4ª Carta problema – Sua Vez Estudante!

Jonas tem 4 anos e começou seu primeiro ano escolar. Em seu 3º dia, os professores chamam seus pais para uma conversa, alertando que Jonas brinca somente com as meninas e prefere as roupas de cores rosa, assim como brinquedos como bonecas. Os professores querem que ele não faça mais isso para não influenciar sua escolha sexual.

Manifeste sua opinião sobre esta situação, se concorda ou não.

5ª Carta problema – Sua Vez Estudante!

Rafael acaba de ser expulso do colégio. Há três dias, em uma sexta-feira, colocou em uma rede social que estava namorando com Rogério, um menino do seu bairro. Logo na Segunda-Feira, a Instituição educacional católica de referência, onde Rogério estudava, não encontrou outra alternativa a não ser retirar o menino do colégio. Um dos amigos de Rafael não entendendo a posição do colégio, foi conversar com a diretora.

Se você fosse este tal amigo de Rogério, o que falaria para a diretoria?

6ª Carta problema – Sua Vez Estudante!

Carlos é um professor que adora fazer piada sobre tudo. Qualquer assunto para ele tem espaço em sala de aula e pode virar uma piada. Em uma das aulas, ele ensinava funções de primeiro grau. Sem mais nem menos, fez piadas sobre homossexualidade e usou a palavra 'viadinho'. Eduardo e Felipe são alunos dele e formam casal. Assim, sentiram-se ofendidos com as piadas e se retiraram da sala. O que podemos pensar sobre a atitude desse professor?

7ª Carta problema – Sua Vez Estudante!

Fernando lutava durante anos para escolher seu nome social. Finalmente, conseguiu fazer a troca de seu nome e agora possui seu nome social: Fernanda. Mas há um problema – poder se apropriar de sua forma de ser visto em sociedade. Sempre, durante a chamada dos alunos do 8º ano, no EJA, todos os professores ainda usam o nome de Fernando na hora das chamadas e nas questões em sala. É correto o que os professores estão fazendo?

8ª Carta problema – Sua Vez Estudante!

Leia o caso publicado no fragmento da reportagem da Revista *Gênero e Número*, abaixo:

Em fevereiro de 2019, "Maria (nome fictício para proteger a identidade da vítima), uma travesti afro-indígena, foi espancada por oito homens após pedir um isqueiro emprestado para um vendedor ambulante em uma barraca localizada em uma praça movimentada de Niterói, cidade a vizinha ao Rio de Janeiro. Ela estava com um grupo de amigos LGBTs+, quando o comerciante começou a discutir de forma agressiva com ela. Durante a briga, outros sete homens que estavam no local se juntaram a ele para agredi-la com socos e pontapés, enquanto gritavam xingamentos transfóbicos".

"'Não foi uma discussão ou uma simples agressão. Foi um linchamento. Só pararam de me bater quando a polícia se aproximou do local. Foi minha sorte. Se a polícia não tivesse chegado, eu continuaria apanhando e provavelmente estaria morta', conta Maria" (SILVIA, 2019, s.p.).

Referências

SILVIA, V. R. da. **Gênero e Número**. 2019. Transfobia: 11 pessoas trans são agredidas a cada dia no Brasil. Primeira organização de mídia no Brasil orientada por dados para qualificar o debate sobre equidade de gênero. Desenvolvido por Beta Design. Disponível em: http://www.generonumero.media/transfobia-11-pessoas-trans-sao-agredidas-a-cada-dia-no-brasil-2/. Acesso em: 20 mar. 2020.

Questão para equipe:
Segundo a referida reportagem houve um crescimento significativo nos casos de violência registrados: agressões contra a população *trans* aumentaram mais de 800%, passando de 494 notificações em 2014 para 4.137 em 2017. O levantamento não considera homicídios, apenas agressões registradas em unidades públicas de saúde.

- Que ações públicas podem ser feitas para proteger estas pessoas?
- Leis seriam suficientes para proteção da população *trans*?
- O que na sua concepção poderia colaborar para conter a violência, a violação, inclusive levando à morte a população *trans*?

9ª Carta problema – Sua Vez Estudante!

Francisco é um professor da Educação Básica e possui um nome social: Camila. Desse modo, prefere ser chamado de Camila na escola onde trabalha e, também, nos lugares que frequenta. No entanto, em diversas conversas de corredor, Camila percebeu que seus alunos não aceitam seu nome social.

Muitas vezes, fazem piadas sobre sua escolha em ser um transgênico? Como esse professor deve lidar com essa situação?

2.5 As Cartas *Tempo* [T]

Todo jogo precisa se mover, criar a cena, dar a estratégia. As *cartas Tempo* (marcadas com um [T] no tabuleiro) têm esse intuito: colocar o(a) jogador(a) em um momento de raciocinar a temporalidade dos fatos.[7] Cada carta tempo conta um fato do cotidiano da luta pela igualdade e reconhecimento dos diferentes gêneros. Esse fato permite o(a) jogador(a) completar uma linha do tempo, na qual faz parte de seu objetivo. Essa expectativa do que virá, de esperar a carta certa encaixar na linha, de conseguir organizar de maneira a completar o objetivo, esse é o propósito do jogo: fazer com que os dados rolem. Além disso, mesmo que a jogada não saia como a planejada, há sempre mais uma carta tempo esperando por você.

Figura 3 – Exemplo de uma *carta Tempo*, do Jogo Entre Gênero

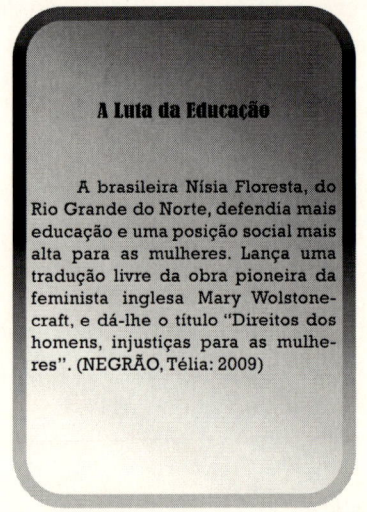

A Luta da Educação

A brasileira Nísia Floresta, do Rio Grande do Norte, defendia mais educação e uma posição social mais alta para as mulheres. Lança uma tradução livre da obra pioneira da feminista inglesa Mary Wolstonecraft, e dá-lhe o título "Direitos dos homens, injustiças para as mulheres". (NEGRÃO, Télia: 2009)

Fonte: Projeto de pesquisa *O Corpo Brincante* – FAPEMIG/UFOP (2017-2020).

2.5.1 Quando a carta cair sobre as Cartas Tempo [T]

Toda vez que a carta da equipe cair sobre este símbolo *Ponto [T]*[8] ela será destinada a um fato histórico. Ela será sobre a questão de Gênero no

---

7   Destacamos que as cartas [T] foram elaboradas com recortes temporais, onde citando na íntegra trechos de autores(as) relevante na área e/ou fazemos paráfrases às obras.
8   No final do caderno há as respostas da linha do tempo, ajudando o(a) mediador(a) a localizar acertos e erros das equipes.

Brasil ou no mundo. A equipe precisará colocar a carta sobre uma data na plataforma (tabuleiro) de datas históricas que fica à direita do mapa. Caso, a equipe acerte a data, mantém a carta naquele marco. Caso erre, precisará devolver ao grupo de cartas para pegá-la em outra rodada.

Exemplo de jogada:

> Logo após a equipe ter selecionado em qual momento histórico a equipe supõe que o fato lido na carta aconteceu, a próxima equipe irá jogar. No final da jogada da outra equipe, o(a) mediador(a) da partida informará se a data foi colocada no ponto certo ou não. Caso a equipe tenha acertado, a carta ficará naquele mesmo local, caso não, o mediador colocará a carta novamente na pilha das cartas 'T' e os jogadores precisaram pegá-la, novamente, fazendo uma nova tentativa de acertar.

Intervenções

Ações que poderão ser provocadas durante a partida.

2.5.2 Sugestões de Cartas Tempo [T]

Seguem abaixo as sugestões das Cartas *Tempo* [T] para que você possa experimentar o jogo, seguindo as orientações acima, articulando-as com as cartas Perguntas [P].

Lembrete: Durante o jogo a equipe precisará colocar a Carta *Tempo* [T] sobre uma data na plataforma (tabuleiro), correspondente ao fato histórico [T], situado à direita do mapa.

1ª Carta Tempo [T]* – É láncada a obra "A cidade das damas"

> A obra intitulada *A cidade das damas,* de Christine de Pisan, foi considerada um marco do feminismo pré-moderno ao contrapor o discurso da inferioridade das mulheres, reestabelecer a confiança e autoestima do sexo feminino e resistir à visão machista da época (CALADO, 2006).
>
> "Obra louvável pela coragem em homenagear uma mulher, que venceu os limites da sua condição feminina, lutando contra as injustiças do seu tempo e que, por sua ousadia, foi acusada de bruxaria e jogada viva à fogueira, dois anos depois de receber a homenagem de Christine de Pizan. Sua obra foi a primeira e única feita a Jeanne d'Arc enquanto viva." (CALADO, 2006, p. 34)"

*Coloque a Carta *Tempo* sobre uma data no tabuleiro, correspondente ao fato histórico, situado à direita do mapa.

2ª Carta Tempo [T] – Afirmação do Movimento LGBT

"Em meados [...]*[9] dos anos XX, ganha visibilidade o movimento feminista e, na segunda metade da década, surgem as primeiras organizações do movimento negro contemporâneo, como o *Movimento Negro Unificado*, e do movimento homossexual, como o *Somos – Grupo de Afirmação Homossexual*, de São Paulo" (FACCHINI, 2020, p. 2).

*[...]Coloque a Carta *Tempo* sobre uma data no tabuleiro, correspondente ao fato histórico, situado à direita do mapa.

3ª Carta Tempo [T] – Primeira Passeata movimento LGBT

"Em 13 de junho de [...],* ocorre a primeira passeata que o movimento organizou: o ato público contra a violência policial e a atuação da "Operação Limpeza" levada a cabo pelo delegado Richetti na região central de São Paulo" (FACCHINI, 2020, p, 2).

*[...]Coloque a Carta *Tempo* sobre uma data no tabuleiro, correspondente ao fato histórico, situado à direita do mapa.

4ª Carta Tempo [T] – Quebrando Tabus

"Em [...],* no encontro nacional de ativistas ocorrido na Bahia, a luta era pela despatologização da homossexualidade, por legislação antidiscriminatória, pela legalização do que na época se denominava como "casamento gay", por tratamento positivo da homossexualidade na mídia e pela inclusão da educação sexual nos currículos escolares'. (FACCHINI, 2020, p. 3).

*[...] Coloque a Carta *Tempo* sobre uma data no tabuleiro, correspondente ao fato histórico, situado à direita do mapa.

5ª Carta Tempo [T] – A Luta da Educação

"A brasileira Nísia Floresta, do Rio Grande do Norte, defendia mais educação e uma posição social mais alta para as mulheres. Lança uma tradução livre da obra pioneira da feminista inglesa Mary Wolstonecraft, e dá-lhe o título *Direitos dos homens, injustiças para as mulheres*". (NEGRÃO, 2020, p. 2).

---

9 Este espaço deve ser completado pelos(as) jogadores(as) com tempo histórico relativo ao fato apresentado no espação em branco. Para todos os espaços em brancos mostrados nas cartas subsequentes os(as) participantes devem seguir a mesma orientação.

*[...] Coloque a Carta *Tempo* sobre uma data no tabuleiro, correspondente ao fato histórico, situado à direita do mapa.

6ª Carta Tempo [T]* – A Declaração dos Direitos da Mulher é publicada

> A Declaração dos Direitos da Mulher foi o primeiro documento da Revolução Francesa a mencionar a igualdade jurídica entre mulheres e homens. Olympe de Gouges, escritora e militante francesa, a elaborou como uma crítica à Declaração dos Direitos do Homem e do Cidadão, que anunciou direitos de igualdade e liberdade que se aplicavam apenas aos homens. Enquanto isso, as mulheres continuavam sem o direito de votar, de ter acesso a instituições públicas, à liberdade profissional, direitos de propriedade etc. A declaração foi rejeitada e permaneceu em completo esquecimento até 1986, quando foi publicada por Benoîte Groult (WIKIPÉDIA, 2020).

*Coloque a Carta *Tempo* sobre uma data no tabuleiro, correspondente ao fato histórico, situado à direita do mapa.

7ª Carta Tempo [T] – Funções Iguais

> "Aprovada pela Organização Internacional do Trabalho, a 19 de junho, a Convenção de Igualdade de Remuneração entre trabalho masculino e trabalho feminino para função igual" (NEGRÃO, 2020, p. 3).

*Coloque a Carta *Tempo* sobre uma data no tabuleiro, correspondente ao fato histórico, situado à direita do mapa.

8ª Carta Tempo [T] – A força na Mídia

> "Publicado em Campanha da Princesa, MG o jornal O Sexo Feminino. A editora, Dona Francisca Senhorinha da Motta Diniz tentava resgatar uma história perdida, a história das mulheres brasileiras. Advogava o sufrágio feminino" (NEGRÃO, 2020, p. 2).

*Coloque a Carta *Tempo* sobre uma data no tabuleiro, correspondente ao fato histórico, situado à direita do mapa.

9ª Carta Tempo [T] – A Reivindicação dos Direitos da Mulher é publicada

> A escritora e filósofa inglesa Mary Wollstonecraft sintetiza em sua obra intitulada *Uma Reivindicação pelos Direitos da Mulher: com restrições a assuntos políticos e morais,* [10] a defesa de que as mulheres não são, por natureza, inferiores aos homens, mas apenas aparentam ser por falta de acesso à educação, e que por isso as meninas precisavam ter acesso às instituições de ensino (MARY WOLLSTONECRAFT *apud* WIKIPÉDIA, 2020).

*Coloque a Carta *Tempo* sobre uma data no tabuleiro, correspondente ao fato histórico, situado à direita do mapa.

2.6 Criando novas *Cartas Perguntas* e *Cartas Tempo*

Você poderá criar novas Cartas *Tempo* [T] e *Perguntas*[T], renovando e atualizando as ideias propostas neste Caderno Didático. Lembramos que este tema sempre requer atualizações. Atualmente temos as seguintes definições:

- **Sexualidade:** está relacionada à genética binária em que o indivíduo nasceu: masculino, feminino e intersexual.
- **Orientação sexual:** tem a ver com o desejo de se relacionar afetiva e/ou sexualmente com outros gêneros. Em um ciclo natural, essa descoberta acontece entre a infância e o início da adolescência, mas, por preconceito e discriminação, ela pode ser bloqueada e, até mesmo, negada.
- **Identidade de gênero:** é a forma com que a pessoa se entende como um indivíduo social.
- **Expressão de gênero:** é como o indivíduo manifesta sua identidade em público, a forma como se veste, sua aparência (corte de cabelo, por exemplo) e comportamento, independentemente do sexo biológico.

O movimento político e social de inclusão de pessoas de diferentes orientações sexuais e identidades de gênero tem uma sigla repleta de letras. Você sabe qual o significado e a importância cada uma delas tem, por exemplo LGBTQQICAPF2K+ e outras siglas como LGBTQ+?

Você conhece o histórico das siglas GLS, GLBT, LGBT?

---

10 Título traduzido do inglês *A Vindication of the Rights of Woman: with Strictures on Political and Moral Subjects* (1792).

Destacamos conceituações relevantes sobre a sigla LGBTQIA+, a seguir

Lésbica: pessoa do sexo feminino que se sente seduzida sexual/afetivamente por outras mulheres.
Gay: pessoa do sexo masculino que se sente atraído sexual/afetivamente por outros homens.
Bissexual: pessoa que sente desejo por homens e mulheres.
Transexual/transgênero: é a pessoa que se opõe, que transgride e transcende a ideologia heterocisnormativa imposta socialmente; pessoa que assume uma identidade oposta ao gênero com que nasceu, que se sente pertencente aos gêneros oposto ao seu nascimento com uma identidade ligada ao psicológico e não ao físico, pois neste caso, pode haver, ou não, uma mudança fisiológica para adequação.
*Queer***:** termo para designar todos(as) que não se encaixam na heterocisnormatividade, que é a imposição compulsória da heterossexualidade e da cisgeneridade.
Intersexual: o termo substitui a palavra "hermafrodita" e define a pessoa que tem características sexuais femininas e masculinas – genitália e aparelho reprodutor.
Assexual: pessoa sem desejos sexuais.
Agênero: pessoa com identidade de gênero neutra.
Cisgênero: pessoa que apresenta uma identidade de gênero de acordo com a identidade de gênero socialmente definida ao seu sexo.
Não binário: o indivíduo não binário pode ser definido com outro nome, totalmente diferente, uma vez que ele sente que seu gênero está além ou entre homem e mulher.
Andrógeno: é a pessoa cuja expressão de gênero transita entre os dois polos, homem e mulher. De uma forma geral, o andrógeno usa roupas, corte de cabelo e acessórios, por exemplo, considerados unissex.
*Drag queen/king***:** pessoa que que se veste de acordo com o gênero oposto para performances artísticas.
*Crossdresser***:** oriundo do fetiche do homem de se vestir como mulher, o crossdresser usa roupas do gênero oposto ocasionalmente, mas não faz modificações permanentes.
Gênero fluido: pessoa que é ou se entende como mulher em algum momento da vida, homem em outro, e transita por outras identidades de gênero.
Pansexual: atração sexual ou romântica por qualquer sexo ou identidade de gênero.
Travesti: pessoas que nasceram no gênero masculino, mas se entendem pertencentes ao gênero feminino; porém, não reivindicam a identidade *mulher*.

Outras possibilidades podem também dinamizar a cena brincante do jogo, tais como: discutir livros, filmes, documentários, artigos de opinião, reportagens etc. que abordem a temática em proposição. Tal seleção pode ser feita pelo(a) docente, pelos(as) estudantes e/ou seguir a lista de indicações relacionadas no fim deste caderno.

3. E-portfólio do Corpo Brincante do Jogo
Entre Gênero – tabuleiro, cartas e regras

No sentido de colaborar para uma melhor interpretação do Jogo *Entre Gênero*s, você poderá acessar o e-portfólio deste jogo, disponível no endereço eletrônico *www.e-corpobrincante.ufop.br* e assistir às videoaulas, baixar o tabuleiro, as regras e as cartas. O material disponível virtualmente, em seu conjunto, poderá melhorar a intepretação, fazer fluir boas ideias e instigar novas didáticas.

4. Referências

CALADO, L. E. de F. **A Cidade das Damas:** a construção da memória feminina no imaginário utópico de Christine de Pizan. Estudo e tradução. Recife: UFPB, 2006. Disponível em: https://repositorio.ufpe.br/handle/123456789/7590. Acesso em: 26 mar. de 2019.

DECLARAÇÃO DOS DIREITOS DA MULHER E DA CIDADÃ. *In:* WIKIPÉDIA, a enciclopédia livre. Flórida: Wikimedia Foundation, 2020. Disponível em: https://pt.wikipedia.org/w/index.php?title=Declara%C3%A7%C3%A3o_dos_Direitos_da_Mulher_e_da_Cidad%C3%A3&oldid=58350908. Acesso em: 26 maio 2020.

FACCHINI, R. **História da luta LGBT no Brasil.** 2020. Disponível em: http://www.crpsp.org.br/portal/comunicacao/cadernos_tematicos/11/frames/fr_historico.aspx. Acesso em: 17 mar. 2020.

NEGRÃO, T. **NIEM/UFRGS**. 2020. Texto compilado sobre fatos históricos do movimento das mulheres no Brasil. Disponível em: http://www.ufrgs.br/nucleomulher/mov_feminista.php. Acesso em: 17 maio 2020.

SILVIA, V. R. **Gênero e Número**. 2019. Transfobia: 11 pessoas trans são agredidas a cada dia no Brasil. Primeira organização de mídia no Brasil orientada por dados para qualificar o debate sobre equidade de gênero. Desenvolvido por Beta Design. Disponível em: http://www.generonumero.media/transfobia-11-pessoas-trans-sao-agredidas-a-cada-dia-no-brasil-2/. Acesso em 20 mar. 2020.

WOLLSTONECRAFT, Mary. *In:* WIKIPÉDIA, a enciclopédia livre. Flórida: Wikimedia Foundation, 2020. Disponível em: https://pt.wikipedia.org/w/index.php?title=Mary_Wollstonecraft&oldid=58130843. Acesso em: 27 abr. 2020.

5. Para saber mais

Vídeo Ahora o nunca

- O curta de com duração de 5 minutos, "Ahora o nunca", feito por Alicia Ródenas, de 17 anos, apresenta 100 comentários machistas que as mulheres escutam desde meninas. Começa com algumas frases que refletem os papéis de gênero na infância, como: "Se virem você brincar com os meninos vão chamar você de 'maria--sapatão', ou 'Informática? Você não prefere dançar?'. Daí surgem os comentários, como: 'Você está sempre cercada de meninos, sua safada' e 'O que acontece, está menstruada?'".

O vídeo acaba com frases que fazem referência mais direta aos maus--tratos, como: "Se ele olhar outra vez para você, saio na porrada", e "É bom você não me deixar, ou eu faço uma loucura."

Referência

TORRE, R. L. **Ahora o nunca**. 2018. Disponível em: https://www.youtube.com/watch?v=IX---4oLr2U. Acesso em: 17 maio 2020.

Artigo de opinião sobre o vídeo

- 100 comentários machistas que as mulheres escutam desde quer eram meninas, apresentados num curta de 5 minutos.

Referência

HANCOCK, J. R. **El País**. 2017. 100 comentários machistas que as mulheres escutam desde meninas, num curta de 5 minutos. Disponível em: https://brasil.elpais.com/brasil/2017/04/17/cultura/1492412360_237040.html?s-sm=FB_BR_CM&fbclid=IwAR2Xo4IJt3KeMNDAtcq7VBJfPxW72_pC_741CnflqCohQlGdXTVkNRA3NnQ. Acesso em: 17 mar. 2020

Obras com temas sobre os ativismos feministas no Brasil

Livro: #Meu amigo secreto: feminismo além das redes

Autoras: Bruna de Lara, Bruna Rangel, Gabriela Moura, Paola Barioni, Thaysa Malaquias.

A obra originou-se da campanha *#meuamigosecreto*, cujo objetivo é encorajar as mulheres a denunciarem casos de violência. Traz depoimentos escritos e evidencia o papel das redes sociais como espaço de ativismo contra o machismo e de enfrentamento à realidade de medo e não direito ao espaço público.

Artigo e resenha do livro *#meuamigosecreto*, disponível em: http://www.portalintercom.org.br/anais/sul2016/resumos/R50-0346-1.pdf

https://blog.estantevirtual.com.br/2017/06/27/resenha-livro-meu-amigo-secreto-e-o-feminismo-alem-das-frases-prontas/.

Livro: Heroínas Negras Brasileiras em 15 cordéis (Jarid Arraes)

A obra traz cordéis cujos personagens são mulheres negras com destacado papel na história do Brasil.

Livro: Terra fértil (Jenyffer Silva do Nascimento)

Por meio de 80 poemas, a autora apresenta o cotidiano e as subjetividades femininos, como sugerem os títulos de poemas como *Olhos sobre ela*, *Identidade* e *Protagonista*.

NASCIMENTO, Jenyffer Silva do. **Terra Fértil**. São Paulo: Ed. da autora, 2014.

Resenha do livro, disponível em: http://www.letras.ufmg.br/literafro/resenhas/poesia/1059-afeto-fertil-fertil-poema-a-lirica-de-jenyffer-nascimento.

Dissertação de mestrado

Flores horizontais: sociabilidade, prostituição e travestilidade na zona do e (1960-1970) – Claudielle Pavão da Silva

Trata-se de uma dissertação de mestrado sobre as estratégias e experiências construídas por prostitutas e travestis da Zona do Mangue, região do baixo meretrício do Rio de Janeiro, entre os anos 1960 e 1970, que foram analisadas e problematizadas a partir de boletins de ocorrências policiais, processos criminais, notícias em jornais e obras literárias produzidas pelo delegado Armando Pereira, que trabalhou na 6ª Delegacia de Polícia, responsável pela região.

SILVA, C. P. "Flores horizontais": sociabilidade, prostituição e travestilidade na zona do mangue (1960-1970). 2016. [123 f.]. Dissertação(PROGRAMA DE PÓS-GRADUAÇÃO EM HISTÓRIA) – Universidade Federal Rural do Rio de Janeiro, [Seropédica-RJ]. Disponível em: https://tede.ufrrj.br/jspui/handle/jspui/1978. Acesso em: 20 mar. 2019.

Tese de doutorado

- *Letramento e tradução no espelho de Oxum*: teoria lésbica negra em auto/re/conhecimentos.

A autora discute a importância da formação ativista, intelectual e subjetiva de ativistas negras lésbicas em formação acadêmica a partir de diferentes obras, como uma tradução política de letramento e auto/re/conhecimentos lésbico negro feminista.

SANTOS, T. N. **Letramento e tradução no espelho de Oxum**: teoria lésbica negra em auto/re/conhecimentos. Tese (Doutorado em Estudos da Tradução) – Florianópolis, UFSC, 2014. Disponível em: https://repositorio.ufsc.br/xmlui/bitstream/handle/123456789/128822/331961.pdf?sequence=1&isAllowed=y. Acesso em: 20 de mar. 2019

Respostas da linha do tempo – Cartas Tempo [T]

1ª Carta *Tempo* [T] – É láncada a obra "A cidade das damas". Ano: 1404.

2ª Carta Tempo [T] – Afirmação do Movimento LGBT. Em meados dos anos de 1970.

3ª Carta *Tempo* [T] – Primeira Passeata movimento LGBT. Ano: 1980.

4ª Carta *Tempo* [T] – Quebrando Tabus. Ano de 1984.

5ª Carta *Tempo* [T] – A Luta da Educação. Ano: 1832.

6ª Carta *Tempo* [T] – A *Declaração dos Direitos da Mulher* é publicada. Ano: 1791.

7ª Carta *Tempo* [T] – Funções Iguais. Ano: 1951

8ª Carta *Tempo* [T] – A força na Mídia. Ano: 1858

9ª Carta *Tempo* [T] – A *Reivindicação dos Direitos da Mulher* é publicada. Ano: 1792

CADERNO DIDÁTICO 5
JOGO *REVISIONANDO*

Caro(a) Leitor(a)

Neste caderno do jogo denominado *Revisionando*[11], elaboramos uma proposta de um jogo aberto, mas com indicações sugestivas de como o(a) docente pode criar um jogo junto com os(as) estudantes ou instigar uma diferente forma didática e lúdica de revisar contextos e/ou conteúdos escolares, ou seja, sugerimos uma maneira oportuna de constituírem as memórias dos conceitos já trabalhados na sala de aula, vinculando-os ao estímulo da imaginação, por meio das diferentes linguagens, tais como: imagens, frases e marcas temporais etc. Assim sendo, o jogo pode ser experimentado por meio da organização de projetos de trabalho, rizomas ou cartografias de aprendizagens e/ou fazer uma revisão, ao proporcionar *feedbacks* dos conhecimentos já estudados pelos(as) estudantes.

Uma das formas de colocar em prática esta atividade seria partir dos temas escolhidos pelos(as) estudantes, seguindo uma problematização temática, conforme a perspectiva conceitual da Pedagogia de Projetos, defendida por Hernández (1998) e apresentada no Capítulo 4 desta obra. Santomé (1998) apresenta também diferentes propostas para a elaboração de Projetos Curriculares Integrados e cita cinco possibilidades de se fazer a integração curricular, quais sejam: a integração por meio da correlação entre as diversas disciplinas; por meio de temas, tópicos ou ideias; em torno de uma questão de vida prática e diária e a partir de temas e pesquisas decididos pelos estudantes. Para o referido autor, há outras modalidades de integração curricular, as quais podem ser classificadas assim: integração por meio de conceitos; em torno de períodos históricos e/ou espaços geográficos; com base em instituições e grupos humanos; em torno de descobertas e invenções e mediante áreas do conhecimento.

Uma outra proposta seria de o(a) professor(a) selecionar temas que discutam assuntos relativos às áreas de conhecimento previstas pela Base Nacional Comum Curricular (BNCC), referentes ao Ensino Fundamental e Médio. Tais assuntos podem ser trabalhados junto com os(as) estudantes e, dentre eles, citamos:

- Linguagens: *letramento literário; expressões corporais (dança e contorcionismo); redes sociais e fake News;*
- Ciências da natureza: *a poluição atmosférica e as consequências para vida do planeta e dos seres humanos.*

---

11 *Revisionando* vem da própria significação do termo: revisar, fazer novo exame ou reexame.

- Ciências humanas: a*s consequências da pandemia do Covid-19 para os moradores nas periferias pobres das cidades e favelas nas cidades do Brasil; trabalhos formais, direitos trabalhistas versus trabalhadores precários, informais e autônomos.*

A exploração de novos temas ou a re(visita) aos conteúdos já abordados pelo(a) professor(a) junto aos estudantes podem possibilitar que diferentes linguagens sejam colocadas em cena, relevando, assim, novos saberes e desencadeando aprendizagens significativas para os(as) aprendizes.

Destarte, para a reflexão dos temas – sejam estes propostos pelo(a) docente ou escolhidos pelos(as) estudantes, para a criação das ações dos jogos, é importante destacar que o papel do(a) mediador(a) é promover a problematização adequada do tema, com diferentes ações reflexivas, instigar a busca por variadas fontes de informações, ensinar a tomar notas, sintetizar e classificar a informação, avaliar os processos e produtos e apresentar os resultados da pesquisa em diferentes linguagens e formatos.

Boa leitura e bom jogo!

1. Finalidade do Jogo *Revisionando*

A finalidade deste jogo é proporcionar a experiência de uma gestão estratégica coletiva de revisão ou o reconhecimento de temas e elaboração de um projeto de trabalho, em formato de gincana. Tal proposta pode colaborar para promover uma experiência reflexiva no que aciona o trabalho coletivo, o papel da agilidade e do conhecimento ativo e a consciência diversificada de temáticas, tormando possível, também, agrupar as questões referentes às habilidades de lógica.

1.1 Público Alvo

O público alvo deste jogo é, preferencialmente, estudantes acima de 10 anos de idade. Acreditamos que, nessa faixa etária, tais jovens já sejam capazes de organizar as ações coletivas que o jogo requer

1.2 Tabuleiro do Jogo *Revisionando*

A plataforma do jogo *Revisionando* é um espaço de debate promovido pela ação da criação docente e discente. A proposta deste jogo é baseada em escolha de 16 temas diferentes que são formulados em conjunto (docente/discente) e que na sequência são pesquisados e transformados em peças de tabuleiros.

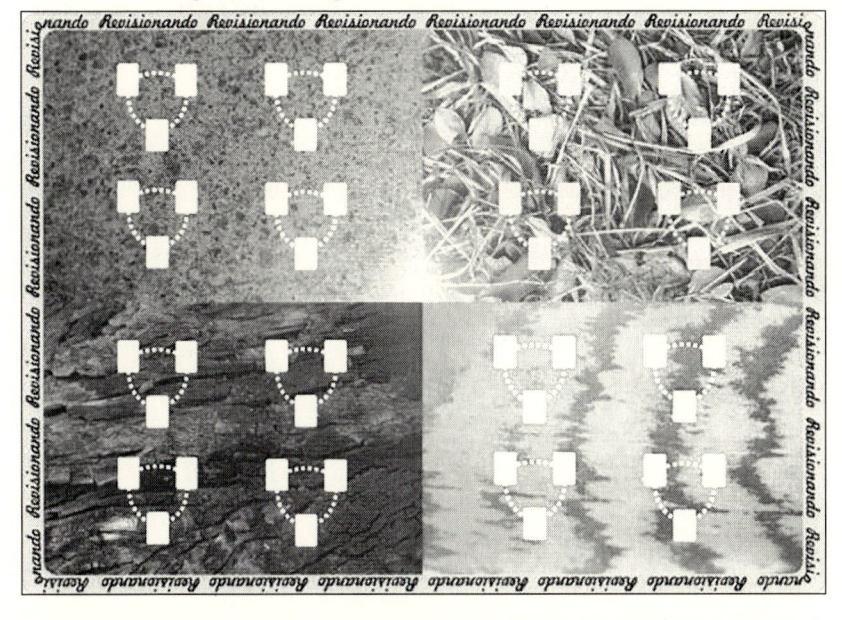

Figura 1 – Imagem do Tabuleiro *Revisionando*

Fonte: Projeto de pesquisa o *Corpo Brincante*, FAPEMIG/UFOP (2017 – 2020).

O tabuleiro já tem sua organização, pré-definida: é dividido em 4 partes e contém 4 temas em cada uma das partes. Os(as) estudantes escolhem uma das partes e, em grupo começam um projeto de pesquisa para compor as cartas que irão fazer parte daquela plataforma.

1.3 Descrição física do tabuleiro

O jogo é composto de:
– 01 (um) tabuleiro (90 cm x 120 cm);
– 48 pontos divididos em grupos de três dentro do tabuleiro e separados em quatro terrenos diferentes;
– 48 cartas construídas pelos estudantes. (Serão distribuídas em grupo de 3 cartas para cada tema selecionado. Possuirão em cada um dos trios o seguinte: 1 carta imagem, 1 carta dica ou data e 1 carta frase.

1.4 Descrição física e processual do jogo em ação

- Possui um mapa dividido em 4 pontos com cores diferentes;
- Cada um desses 4 pontos possuem outros 4 espaços com 3 pontos interligados;

- No total são 4 partes do mapa dividido em 4 pontos em cada uma das partes;
- Totalizando 16 pontos com 3 espaços para cartas em cada um deles.

2. Jogabilidade: disposições gerais

- O jogo começa com todas as cartas sobre uma mesa e com uma distância de 3 a 4 metros do tabuleiro. Este, por sua vez, ficará fixado na parede;
- As jogadas são simples. O mediador da partida escolher uma ordem que jogará as 4 equipes participantes;
- Cada equipe, em seu momento de jogar, receberá o tempo de 1 minuto para ir correndo até a pilha de cartas e encontrar as três cartas que falam sobre o mesmo tema. Ex: Foto de um castelo; frase sobre a Idade Média; data do início da Idade Média etc.;
- É ilimitado o número de cartas que os jogadores em sua rodada podem virar para tentar achar o trio de cartas compatíveis. Os jogadores não tem tema definido, eles precisam encontrar 4 temas com suas 3 cartas compatíveis.
- Os jogadores podem querer pegar somente duas ou uma carta, caso seja a faltante para completar o tema que está sobre seu lado do tabuleiro.
- Ao encontrar as cartas que acreditam pertencer ao mesmo tema, os jogadores precisam correr até o ponto onde está o mapa e fixar dentro do seu espaço escolhido.
- Logo após, o mediador irá corrigir as informações. Caso a equipe tenha acertado, fica com um dos seus 3 espaços preenchidos e, desse modo precisam completar mais três espaços;
- Caso errem, a carta que está incorreta volta para o montante de cartas, para que outra equipe possa buscar, ou a mesma se assim sentir que pode completar aquele tema com as cartas corretas.
- A primeira equipe que completar os 4 pontos da sua parte do tabuleiro vence a partida.

2.1 A movimentação do jogo (tabuleiro pré-definido e início do projeto de trabalho)

Diferentemente de um jogo totalmente produzido pelo(a) docente, o jogo *Revisionando* carrega uma ação diferente da proposta predefinida pelos jogos desenvolvidos. Nesse caso, o jogo assume uma categoria híbrida. Isso significa dizer que a única peça que seus estudantes receberão previamente será o tabuleiro. O restante será elaborado por meio de uma aliança entre discente e docente, conforme ideias propostas nos itens anteriores, para produção do jogo da maneira que melhor for encarado pela equipe. De modo geral, significa dizer que o conteúdo que será criado coletivamente deve estar contido nas peças, ou seja, será elaborado segundo o critério de cada situação, turma, tipo de debate ou ação proposta durante as aulas.

Vamos ao seguinte exemplo: determinado professor de Matemática, durante um ano letivo, aplicou ao seus estudantes diferentes exercícios de categorias da Matemática: porcentagem, multiplicação, trigonometria etc. Em determinado momento do ano letivo, ele quer ver como seus estudantes diferenciam as fórmulas para cada cálculo, além disso, quer ver como eles identificam uma operação que foi gerada por meio do conceito X ou Z. Para tal, formulará grupos de pesquisa para elaborarem conceitos sobre cada tipo de cálculo, exemplo destes cálculos e conceito específico.

Dessa forma, o professor poderá explorar diferentes modalidades de conhecimentos e, ademais, promover novas ações coletivas como acentuar e relembrar conceitos já trabalhados

Essa é a grande diferença do jogo *Revisionando*. Ele compõe a capacidade de gestar o conhecimento de maneira dinâmica ao explorar as metodologias ativas.

2.2 Consequências das ações dentro do jogo

O jogo Revisionando pode ser compreendido após o seu término como uma grande gincana. Todos os estudantes estarão divididos em grupos, focados em seus objetivos. Depois, o professor (mediador) organizará as jogadas de maneira que eles possam, rapidamente, cumprir seu objetivo, a partir das questões criadas pelos próprios participantes.

Dessa maneira, as consequências das ações dentro do jogo são de mecanismo de estratégia de busca pelas cartas em um menor tempo possível. Isso em conjunto com uma organização do trabalho em equipe, com o propósito de finalizar, com precisão, a sequência correta de cada tema.

Por fim, isso nos remete a pensar que o jogo é muito mais que problemas pontuais ou casos isolados. Todo Revisionando é conectado aos conteúdos estudados que serão revisados, por meio da gincana. Não basta pensar em um problema como único ou restrito. As ações jogadas devem preservar sempre todos os fatores que o jogo expõe. Exemplos: criação, coletividade e estratégia.

3. E-portfólio do Corpo Brincante do Jogo *Revisionando*

No sentido de colaborar para uma melhor interpretação de como criar Jogo *Revisionando* você poderá acessar o *e-portfólio* deste jogo, disponível no endereço *www.e-corpobrincante.ufop.br* e assistir às videoaulas, baixar o tabuleiro. Lembramos que para este jogo as regras e as cartas serão criadas pelos(as) estudantes e docente. O material disponível virtualmente poderá melhorar a intepretação e instigar novas didáticas.

APÊNDICE

PARTE I
VIDEOAULAS COM A APRESENTAÇÃO DA OBRA (LIVRO, CADERNOS DIDÁTICOS, SITE RESPONSIVO, VÍDEOS)

Disponível em: www.e-corpobrincante.ufop.br

Videoaulas

- Apresentação do livro e dos cadernos didáticos
- Devaneios lúdicos
- História do projeto de Pesquisa *O corpo Brincante*
- Do projeto de extensão ao projeto de pesquisa O Corpo Brincante
- Conceituando E-portfólio do Corpo Brincante

PARTE II
VIDEOAULAS COM A INTRODUÇÃO DO LIVRO

Videoaulas

- A dimensão política da ação docente brincante
- Conceituação de jogos
- O uso dos jogos como recurso didático e expressão do saber

PARTE III
EXPERIMENTANDO E ANALISANDO O USO DOS JOGOS NA ESCOLA

Videoaulas

- Cartografias Pedagógicas e uma nova relação com o conhecimento
- A "coreografia" das cartas permite jogabilidades complexas e múltiplas
- A coreografia das cartas: um processo educativo que potencializa a metacognição
- Os jogos e as pontes pedagógicas para a empatia

- Os jogos, a interdisciplinaridade e as influências nas questões da formação humana
- O uso do e-portfólio no processo de ensino/aprendizagem: potencializando a metacognição
- E-portfólios de aprendizagem e E-portfólio Brincante: uma aventura singular e plural do conhecimento
- Formulário de avaliação acumulativa do E-portfólio do Corpo Brincante
- A grande jogada de saberes

PARTE IV
CARDERNOS DIDÁTICOS

Videoaulas

- Jogo Feudo War
- Jogo Entre Trincheiras
- Jogo Trilha da Sustentabilidade
- Jogo Entre Gêneros
- Jogo Revisionando

PARTE V
MINISSÉRIE COM ENTREVISTA DE PROFESSORES(AS) DA ESCOLA DOS SONHOS

Videoaulas

- Organização da Escola dos Sonhos
- Ação criativa na sala de aula
- Protagonismo discente
- Entrevista sobre currículo escolar com Professor Jarbas (UFSC)

Videoaulas Jogos de Movimento, interação e interdisciplinaridade

- Entrevista com o professor de Teatro Andrei Pereira Dorneles
- Entrevista com a Professora Kelly "Cozinhando com ciência" na prática
- Entrevista com o Professor de Inglês André Eduardo Pereira da Rocha
    - Jogos de movimento para aprender Inglês (Parte 1)
    - Jogos de movimento para aprender Inglês (Parte 2)

ÍNDICE REMISSIVO

A
Ação docente brincante 11, 88, 113
Ações do jogo 28, 77
Agênero 88, 101
Andrógeno 88, 101
Assexual 88, 101
Autoavaliação 16

B
Bissexual 88, 101

C
Cartas 11, 12, 13, 14, 15, 19, 20, 21, 23, 24, 25, 26, 27, 28, 29, 30, 31, 32, 33, 34, 41, 43, 44, 45, 47, 48, 49, 50, 51, 68, 71, 73, 75, 76, 77, 78, 81, 82, 83, 87, 89, 90, 91, 92, 93, 96, 97, 98, 100, 102, 105, 109, 110, 111, 112, 113
Cartas apoio 20
Cartas objetivos 19, 20, 27
Cartas personagens 20
Cartas problemas 19, 20, 71, 75, 76, 77, 78, 90
Cartas tempo 87, 89, 96, 97, 100, 105
Cartografias de aprendizagens 13, 107
Cisgênero 88, 101
Clero 11, 19, 20, 23, 27, 30, 31, 36, 38, 40
Contexto histórico 27, 50, 51
Crossdresser 88, 101

D
Dados de seis lados 20, 47, 89
Degradação humana 67
Dimensão política da ação docente 11, 88, 113
Disposição 22, 75, 91
Drag queen 88, 101

E
Ecologia 85
Empatia 113
E-portfólio 13, 14, 15, 68, 83, 102, 112, 113, 114
E-portfólio brincante 114
E-portfólio no processo de ensino/aprendizagem 114
Expressão de gênero 12, 88, 100, 101

F
Feudalismo 4, 11, 19, 34, 40, 41
Formação humana 114

G
Gay 88, 98, 101
Gênero 4, 9, 11, 12, 14, 40, 68, 70, 87, 88, 89, 90, 91, 92, 94, 95, 96, 100, 101, 102, 103
Gênero fluido 88, 101

H
Hierarquização da escolha sexual 12
História 11, 31, 41, 45, 53, 55, 63, 68, 69, 90, 99, 102, 104, 105, 113

I
Idade média 16, 19, 20, 21, 27, 29, 30, 31, 37, 40, 110
Identidade 12, 72, 87, 88, 95, 100, 101, 104
Interdisciplinaridade 114
Interestruturação do conhecimento 71
Intersexual 88, 100, 101
Intervenções 22, 71, 72, 75, 97
Invasor 23, 24, 25, 26, 32, 33, 34, 38, 39

J
Jogabilidade 11, 22, 47, 75, 91, 110
Jogabilidades complexas e múltiplas 113
Jogo Entre Gênero 9, 12, 68, 87, 88, 89, 90, 92, 96, 102

Jogo Feudo War 9, 11, 19, 20, 21, 27, 28, 29, 30, 31, 32, 33, 34, 40, 114
Jogo revisionando 9, 12, 107, 108, 110, 111, 112, 114
Jogos criados 14
Jogos de tabuleiro 4, 13, 14, 15
Jogos didáticos 12
Jogo Trilha da Sustentabilidade 9, 12, 71, 72, 73, 76, 82, 83, 114

L
Lésbica 88, 101, 105
LGBTQIA+ 88, 101

M
Metacognição 113, 114

N
Não binário 88, 101

O
Orientação sexual 12, 88, 100

P
Pansexual 88, 101
Peças-personagens 20, 73, 89
Pedagogia de projetos 107
Perspectiva 20, 28, 46, 74, 90, 107
Pluralismo de ideias 88
Portfólio 11, 13, 14, 15, 68, 83, 102, 112, 113, 114
Primeira Guerra Mundial 4, 12, 43, 44, 45, 46, 51, 52, 53, 54, 55, 57, 58, 59, 60, 62, 64, 65, 66, 67, 68, 69, 70
Projetos curriculares integrados 107

Q
Queer 88, 101
Queimadas 71, 73, 77, 79

R
Recursos didáticos 11
Relação de poder 12, 15, 19
Relação pedagógica 44, 71
Rodadas 25, 63

S
Senhor feudal 19, 20, 23, 24, 25, 26, 27, 33, 34, 35, 37
Servo 19, 20, 22, 23, 26, 31, 34, 35, 36, 37, 38, 39
Sexualidade 12, 17, 88, 89, 100
Sustentabilidade ambiental, econômica e social 84

T
Tabuleiro 4, 13, 14, 15, 17, 20, 21, 22, 23, 26, 28, 45, 46, 47, 48, 49, 68, 71, 72, 73, 74, 75, 76, 77, 83, 89, 90, 91, 96, 97, 98, 99, 100, 102, 108, 109, 110, 111, 112
Tipos de sexualidade 12, 89
Transexual 88, 101
Transgênero 88, 101
Travesti 88, 95, 101
Tríplice Aliança 43, 50, 51, 53, 56, 57, 61, 62, 64
Tríplice Entente 12, 43, 50, 51, 53, 54, 55, 61, 62, 65

V
Vassalo 24, 25, 26, 27, 32, 35, 36, 38, 39

W
Web 13
Website 13
www 4, 14, 53, 57, 60, 62, 64, 65, 66, 67, 68, 69, 70, 83, 84, 85, 95, 102, 103, 104, 112, 113

SOBRE O LIVRO
Tiragem: 1000
Formato: 16 x 23 cm
Mancha: 12,3 x 19,3 cm
Tipologia: Times New Roman 11,5/12/16/18
Arial 7,5/8/9
Papel: Pólen 80 g (miolo)
Royal Supremo 250 g (capa)